WUNDERTÜTE INNENSTADT

Einkaufs- und Erlebnistouren in Hessen

EDITION SÜDHESSEN

Wilfried Weisenberger

Die in diesem Buch dargestellten Inhalte basieren auf Recherchen des Autors und auf Basis der von ihm erstellten Webseite "LadenButler Lieblingsläden präsentiert" (https://www. laden-butler.de).

Coverdesign von: Image Creator in Bing

Kartendarstellung und Präsentationsgraphiken: © Bundesamt für Kartographie und Geodäsie (2025), Datenquellen: https://sgx.geodatenzentrum.de/web_public/gdz/datenquellen/Datenquellen_TopPlus_Open_01.02.2025.pdf, zusammengestellt mit uMap (https://umap-project.org).

An dieser Stelle versichere ich, der Autor, für die Darstellung und Erwähnung diverser Einzelhändler, gastronomischer, kultureller und touristischer Einrichtungen oder für die Verwendung von Markenbezeichnungen in diesem Buch keine Bezahlung oder anderweitiger Zuwendung erhalten zu haben.

ISBN: 978-3-7693-5686-1

Impressum: W. Weisenberger, Schwedenstr. 14, 91074 Herzogenaurach

Verlag: BoD · Books on Demand GmbH, Überseering 33, 22297 Hamburg, bod@bod.de
Druck: Libri Plureos GmbH, Friedensallee 273, 22763 Hamburg

WIDMUNG

Für Ruth und Tim, die in den letzten Jahrzehnten meine "Begehungen" bei gemeinsamen Besuchen in den Innenstädten geduldig ertragen, mein Berufsleben als Handels- und Kommunalberater mit Rat und Tat unterstützt und unsere gegenseitige Liebe als wertvollen Schatz sorgsam mit behütet haben.

INHALT

TOURENKARTE

Die nachfolgende Karte soll Ihnen einen schnellen Überblick geben, in welchen Städten in Hessen Einkaufs- und Erlebnistouren für Sie aufbereitet sind. Diese Edition ist auf die Städte in **Südhessen** konzentriert. Der Bereich Nord- und Mittelhessen ist in einer weiteren Ausgabe enthalten.

SYMBOLVERZEICHNIS

Die in den Städten vorgestellten Standorte werden mit deren Angebote im Detail beschrieben. Vorangestellt ist immer eine Infobox mit einem Logo auf der linken Seite und rechts mit einem QR-Code zum Scannen. Der QR-Code-Link führt zu Google Maps und informiert zum Standort und z.b. zu den Öffnungszeiten. Zwischen den beiden Kästen in der Infobox zeigen Symbole, was an diesem Standort geboten wird. Dies ist in 3 Kategorien unterteilt. Die Symbole der Ladensortimente, Gastronomie- und Erlebnisangebote haben je Kategorie unterschiedliche Bedeutungen. Die nachfolgende Tabelle liefert eine Übersicht:

Ladensortimente	Gastronomieangebote	Erlebnisangebote
Accessoires	Cocktail + Wein	Museum
Buch + Papier	Barrierefrei	Park
Einrichtung	Bier	Schatten
Foto	Kunst + Kultur	Skulpturen
Freizeitsport	Speisen (trad.)	Spielplatz
Geschirr	Speisen (veg.)	Wasser
Getränke	Spielecke	Wellness
Handarbeiten	Take away	
Lebensmittel	Terrasse	
Mode	Übernachtung	
Pflanzen	Veranstaltungsraum	
Radsport	WLAN	
Schmuck		
Schuhe		
Spielwaren		
Tiernahrung		

IV

Vor dem Start der Tour wird anhand einer Karte deren Verlauf vorgestellt. Die darin verwendeten Symbole haben folgende Bedeutungen:

Symbol	Bedeutung
🏪	Einzelhandel in Geschäften oder auf Märkten
🥤	Gastronomie
★	Erlebnispunkt / Sehenswürdigkeit / Kulturangebot
🚆	Haltestelle öffentlicher Nahverkehr
P	Parkhaus / Tiefgarage / Parkplatz

Zu Ihrer Zeitplanung ist unter der Tourkarte der reine fußläufige Zeitbedarf (also ohne Aufenthalt in den Geschäften/Lokalen) und dem Minutenzeichen (...') angegeben.

EINFÜHRUNG

"Wundertüte Innenstadt – Einkaufs- und Erlebnistouren in Hessen" nimmt Sie mit auf eine Entdeckungsreise durch die pulsierenden Herzen unserer Städte. Lebendige Innenstädte sind weit mehr als nur Orte zum Einkaufen – sie sind ein unverzichtbares Kulturgut, das unsere Gemeinschaften prägt und das Erbe vergangener Generationen bewahrt. In ihnen verschmelzen Tradition und Moderne, Vielfalt und Geschichte. Dieses Buch zeigt, wie Hessens Innenstädte als lebendige Bühnen des Alltags Menschen zusammenbringen und unvergleichliche Erlebnisse bieten.

Der Autor ist seit seiner Jugend mit dem Einzelhandel eng verbunden und ist als langjähriger Berater von Kommunen und Handel mit deren Zusammenspiel bestens vertraut. Auf seiner Reise durch die hessischen Innenstädte ist er selbst oft überrascht, welche Formen und vor allem Energien diese Zentren in sich bergen. Deshalb erlebt er die "Wundertüte Innenstadt" immer wieder neu und nimmt Sie nun gerne mit auf seine Einkaufs und Erlebnistouren in Hessen.

Hessen lässt sich als vielfältiges Bundesland im Herzen Deutschlands beschreiben, das sowohl durch seine wirtschaftliche Stärke als auch durch seine landschaftliche Schönheit besticht. Es vereint moderne Metropolen wie Frankfurt am Main, eines der bedeutendsten Finanzzentren Europas, mit historischen Städten wie Wiesbaden und Marburg, die reich an kulturellem Erbe sind. Hessen ist geprägt von abwechslungsreichen Naturlandschaften, darunter der malerische Taunus, der Odenwald und das idyllische Rheingau, das für seinen Weinbau bekannt ist. Die Mischung aus urbanem Leben, historischen Städten und beeindruckender Natur macht Hessen zu einem attraktiven und lebenswerten Bundesland. Dabei lässt sich Hessen in drei Regionen, orientiert an den Regierungsbezirken, in Süd, Mittel- und Nordhessen, einteilen.

Anmerkung: "Handel ist Wandel" so heißt es und so ist auch die Realität. Leider kommt es vor, dass Geschäfte trotz hoher Beliebtheit bei den Kunden sich vom Markt verabschieden müssen. Die Gründe können vielfältig sein. Auch während des Schreibens dieses Buches ist es vorgekommen, dass Läden aus den Touren genommen werden mussten. Ich bitte Sie deshalb um Verständnis, wenn auch nach Veröffentlichung des Buches einer dieser Lieblingsläden nicht mehr existiert.

SÜDHESSEN

Südhessen ist eine dynamische Region im Süden Hessens, geprägt von einer Mischung aus urbanem und ländlichem Charakter. Sie umfasst das RheinMain-Gebiet mit Städten wie Frankfurt am Main, Darmstadt und Wiesbaden, die bedeutende wirtschaftliche und kulturelle Zentren sind. Die Region ist bekannt für ihre technologischen und wissenschaftlichen Innovationen, was sich besonders in Darmstadt, der "Wissenschaftsstadt", widerspiegelt. Gleichzeitig bietet Südhessen eine reizvolle Landschaft mit Weinbergen im Rheingau, den sanften Hügeln des Odenwalds und den malerischen Tälern des Rheins, die zum Wandern und Genießen einladen. Diese Vielfalt macht Südhessen zu einer attraktiven Region zum Leben und Arbeiten. Südhessen ist eine dynamische Region im Süden Hessens, geprägt von einer starken Wirtschaft, kultureller Vielfalt und reizvollen Landschaften. Hier liegt das Rhein-Main-Gebiet mit der Metropole Frankfurt am Main, einem internationalen Finanzzentrum. Die Region umfasst auch historische Städte wie Darmstadt, bekannt für ihre Wissenschafts- und Kunstszene. Südhessen bietet eine harmonische Mischung aus städtischem Leben und ländlichem Charme, geprägt durch Weinberge, den Odenwald und die Rheinebene. Diese Kombination macht Südhessen zu einer attraktiven Region für Leben, Arbeiten und Erholung.

FRANKFURT

Frankfurts vielfältige Shopping-Welten: Von Skatekultur und Handwerkskunst bis zu Avantgarde-Mode und Feinschmeckererlebnissen

Frankfurt am Main ist eine pulsierende Metropole im Herzen Europas, bekannt als bedeutendes Finanzzentrum und wirtschaftlicher Knotenpunkt. Die Skyline der Stadt, geprägt von Wolkenkratzern, darunter der Commerzbank Tower und der Messeturm, hat ihr den Spitznamen "Mainhattan" eingebracht. Doch Frankfurt ist mehr als nur Banken und Börse. Die Stadt vereint Moderne und Tradition auf faszinierende Weise. Die Altstadt mit dem Römerberg, dem Kaiserdom und der Paulskirche erinnert an ihre reiche Geschichte, während das Museumsufer am Main kulturelle Vielfalt bietet. Frankfurt ist auch eine internationale Drehscheibe, mit einem der größten Flughäfen der Welt und einem lebendigen, multikulturellen Flair, das sich in der Gastronomie und den Stadtvierteln widerspiegelt. Trotz ihrer urbanen Dynamik bietet die Stadt viele Grünflächen, wie den Palmengarten und den Stadtwald, die zu Erholung und Entspannung einladen. Diese einzigartige Mischung aus Globalität, Geschichte und Lebensqualität macht Frankfurt zu einer der spannendsten Städte Deutschlands.

Im Zentrum von Frankfurt am Main ist die Zeil die bekannteste Einkaufsstraße und ein zentraler Einzelhandelsschwerpunkt. Hier finden sich zahlreiche große Kaufhäuser, internationale Modeketten und exklusive Boutiquen, die ein breites Spektrum an Einkaufsmöglichkeiten bieten. Die Goethestraße, eine Parallelstraße zur Zeil, ist bekannt für ihre Luxusgeschäfte mit High-End-Marken und exklusiven Designern.

Ich habe aus dem vielfältigen Angebot zwei Touren für Sie zusammengestellt und mich dabei auf die Altstadt und auf den Stadtteil Sachsenhausen konzentriert.

In der **Altstadt von Frankfurt** konzentriert sich der Einzelhandel rund um den Römerberg und die Neue Altstadt. Hier finden sich vor allem traditionelle Geschäfte, Kunsthandwerksläden und Souvenirshops, die das historische Flair der Umgebung widerspiegeln. Kleine Boutiquen und Fachgeschäfte bieten ein ausgewähltes Sortiment, das oft lokale Produkte und handgefertigte Waren umfasst. Die Nähe zu Sehenswürdigkeiten wie dem Römer und dem Kaiserdom macht die Altstadt auch bei Touristen beliebt.

***

Unsere Tour startet am *Parkhaus Hauptwache*. Wenn Sie mit öffentlichen Verkehrsmitteln angereist sind, dann nehmen Sie am *Hauptbahnhof* die Stadtbahnlinie 11 Richtung Schießhüttenstraße und erreichen in 7 Minuten die Haltestelle *Paulskirche / Römer*.

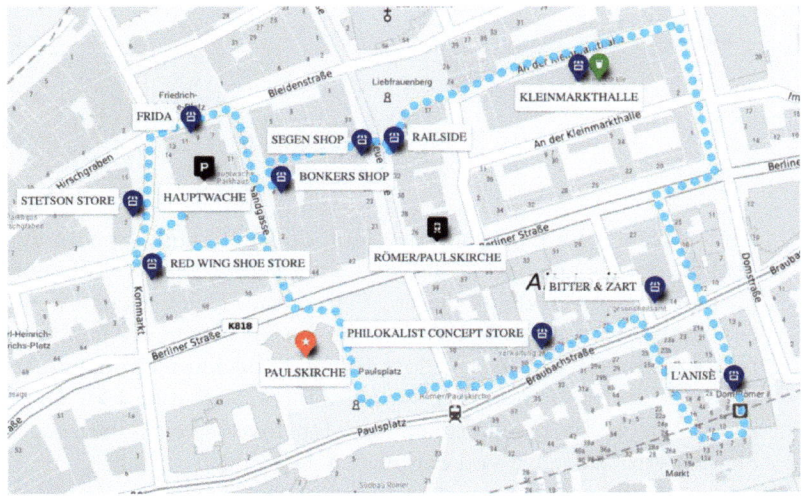

Fußläufiger Zeitbedarf (21')

Von dort gehen Sie an der Paulskirche vorbei und treffen dann gleich auf unseren 1. Stopp, den **Red Wing Shoe Store**.

Seit 1905 produziert dieses Unternehmen in den USA handgefertigte Boots aus vollnarbigem Rindleder, das von einer 150 Jahre alten Gerberei stammt. Das Leder wird chromvorgegerbt und in Mineralöl nachgegerbt, wodurch es besonders strapazierfähig und wasserabweisend wird. Die Stiefel zeichnen sich durch Beständigkeit, Haltbarkeit und Qualität aus. Sie sind am schönsten und bequemsten nach jahrelangem Tragen, was sie zu einem treuen Begleiter für Frau und Mann macht.

Nach diesem handwerklich verheißungsvollen Start wenden wir uns in der Straße *Kornmarkt* Richtung Norden und stoßen linker Hand auf einen ebenfalls sehr interessanten Laden, den **Stetson Store**.

1865 formte John B. Stetson den Hut, der zum Symbol für Individualität, Unabhängigkeit, Integrität und Stärke wurde. Bis heute bleiben Stetson-Produkte diesen Werten treu. Das Geschäft bietet eine große Auswahl an Kopfbedeckungen für Frau und Mann: von trendiger Streetwear über zeitlose Klassiker bis hin zu robuster Actionwear und authentischen Westernhüten. Seit über 150 Jahren steht Stetson für Langlebigkeit und Hochwertigkeit. Überzeugen Sie sich vor Ort selbst von der großen Auswahl.

Wer Mode sucht, die aus dem Rahmen fällt, der ist gleich um die Ecke, in der *Bleidenstraße* bei **Frida** absolut richtig.

Seit über 10 Jahren bietet Frida in Frankfurt Avantgarde-Mode an. Das Sortiment umfasst alltagstaugliche und ausgefallene Stücke für Männer und Frauen. Die Basis bilden Liebe zu Details, innovative Schnitte und Stoffkombinationen sowie hohe Qualität. Frida präsentiert neben etablierten Marken wie Boris Bidjan Saberi, Rick Owens und Yohji Yamamoto auch herausragende junge Kreativlabels.

Von der *Bleidenstraße* biegen wir rechts in die *Sandgasse* ein. Dort erwartet uns der **Bonkers Shop**.

Bonkers, 2010 auf einem Dachboden gegründet, zielt darauf ab, den deutschen Skate-Einzelhandel mit exklusiven und aufstrebenden Marken herauszufordern. Nach fast zehn Jahren in Alt-Sachsenhausen, zog der Laden 2023 in die Frankfurter Innenstadt. Der neue Standort liegt ideal zwischen Parlamentsgebäude und Skyline, in der Nähe legendärer Skatespots. Neben bunten Sneakern bietet Bonkers klassische Skateboard-Kleidung an. Der Shop unterstützt die Skater-Community mit Events, Kunstprojekten und einem privaten Indoor-Skatepark.

Wir biegen nun ein in die *Neue Kräme* und stehen gleich vor dem nächsten besonderen Geschäft, dem **Segen Shop**.

Das Geschäft bietet eine faszinierende Auswahl an eritreischer Hochzeitskultur. Es umfasst eritreische und äthiopische Hochzeitsbekleidung, exklusive Brautmode, festliche Hochzeitsdekorationen und traditionelle eritreische Hochzeitsbräuche. Die handgefertigte Hochzeitskleidung kombiniert traditionelle Designs mit modernen Elementen. Experten helfen bei der Auswahl des perfekten Hochzeitskleides, während kunstvoll gestaltete Dekorationen ein zauberhaftes Ambiente schaffen. Ergänzend dazu gibt es traditionellen Schmuck und eritreische Gewürze. Auch wenn Sie nicht gerade in Hochzeitsstimmung sind, vielleicht bringt Sie der Besuch des Geschäftes auf den Geschmack. Zumindest lohnt es sich in diese Kultur etwas einzutauchen, den Schmuck zu bewundern oder zum Testen eine Gewürzprobe mitzunehmen.

Gleich gegenüber treffen wir auf das **Railslide**. Sie merken, hier im Quartier ist ein echter Skateboard-Hotspot zu Hause. Treten Sie ein, es muss ja nicht gleich ein Board sein. Es gibt auch lustige und wunderschöne T-Shirts, Socken, Taschen und mehr:

Der größte und älteste Skate- und Snowboard-Shop im Rhein-Main-Gebiet bietet eine riesige Auswahl der neuesten und angesagtesten Labels. Seit über 30 Jahren zählt er zu den bedeutendsten Skateshops der Region. Er hat viele Umzüge, eine eigene Skatehalle, zahlreiche Contests und Skatedemos erlebt und war immer ein aktiver Teil der Frankfurter Skaterszene. Das fachkundige Team beantwortet alle Fragen rund ums Skateboarden und Snowboarden und hilft dabei, das optimale erste Skateboard oder Snowboard zu finden. Der größte und älteste Skate- und Snowboard-Shop im Rhein-Main-Gebiet bietet eine riesige Auswahl der neuesten und angesagtesten Labels. Seit über 30 Jahren zählt er zu den bedeutendsten Skateshops der Region.

Jetzt ist wohl Zeit für eine Verschnaufpause.

Über den *Liebfrauenberg* und der schmalen Gasse *An der Kleinmarkthalle* entlang, treten wir, in der *Hasengasse 5-7* in eine der schönsten Markthallen Deutschlands ein, in die **Frankfurter Kleinmarkthalle**:

Blick in die Kleinmarkthalle Frankfurt

Die Kleinmarkthalle in Frankfurt verbindet traditionelle Marktatmosphäre mit einem modernen Schmelztiegel internationaler Spezialitäten. In der Nähe der Frankfurter Einkaufsmeile "Zeil", zwischen Hasengasse und Liebfrauenberg, bieten über 60 Händler von Montag bis Samstag frische Lebensmittel aus aller Welt an. Feinschmecker sind im Restaurant, auf der Terrasse und samstags im

Schlemmergarten eingeladen, die vielfältigen Angebote zu genießen. Ein Begegnungsort für einheimische und internationale Besucher gleichermaßen.

Bei einem Besuch sollte man sich nicht vom ersten baulichen Eindruck verschrecken lassen. Der Zweckbau aus den 50er Jahren steht seit 2000 unter Denkmalschutz und wird seit 2005 mit Bedacht renoviert/saniert. Die von mir verfasste Studie "Markthallen in Deutschland 2023" bewertet die Markthalle mit einer Gesamtattraktivität von 4,2 Punkten (bei maximal 5 Punkten) und wird damit zu den 5 besten Markthallen in Deutschland gekürt.

Nach dem Genuss dieses fast südländischen Flairs verlassen wir die *Hasengasse* über die *Berliner Straße* in Richtung Süden und biegen in die *Kruggasse* ein und stoßen am Ende des *Im Rebstock* auf die Straße *Markt*, wo wir auf den Kaiserdom St. Bartholomäus treffen.

Frankfurter Dom und Goldene Waage

Der Dom war im Heiligen Römischen Reich eine zentrale Stätte, da er ab 1356 für die Königswahlen und später für Kaiserkrönungen genutzt wurde. Insgesamt fanden zehn Krönungen in der Kathedrale statt.

Wir gehen zurück zum Haus Markt 2 und stehen vor dem **L'ANISÉ**:

L'ANISÉ ist eine deutsche Kindermodemarke mit Sitz in Frankfurt. Die Marke steht für hochwertige, luxuriöse Mode für kleine Prinzessinnen und bietet anspruchsvolle Designs und Luxus-Couture. L'ANISÉ erzählt Geschichten von Liebe und Zuneigung und unterstützt Familien dabei, schöne und einzigartige Momente mit ihren Kindern zu erleben. Hier finden Liebhaber modischen Stils und aufwendiger Designs eine Bekleidungslinie, die Stärke und das Streben nach Träumen inspiriert.

Nachdem Sie ihre, falls dabei, kleine Prinzessin aus dem Laden wieder entführen konnten, könnte vielleicht der nächste Stopp etwas tröstend wirken.

Wir biegen über den *Hühnermarkt* in die *Braubachstraße* ein und landen bei der Chocolaterie **Bitter & Zart**.

Das Fachgeschäft für hochwertige Schokolade bietet eine große Auswahl an exklusiven Pralinen und Schokoladenspezialitäten aus aller Welt. Zusätzlich gibt es außergewöhnliche Feinkost und ausgewählte Accessoires. Über den Onlineshop kann nachgeordert werden. Ein Muss für Schokoladenfans: Die kunstvoll dekorierten Törtchen sind probierenswert. Im hinteren Teil des Cafés fühlt man sich in die 30er Jahre zurückversetzt.

Ein Stückchen weiter in der *Braubachstraße 26* stoßen wir auf das letzte Geschäft unserer Altstadt-Tour, der **Philokalist Concept Store**:

Philokalist, der Name steht für Liebhaberin oder Liebhaber der schönen Dinge, wurde im November 2019 von der Beauty-Expertin Asita Morgan gegründet. Es ist der erste Beauty-Concept-Store in Frankfurt. Inspiriert von ihrer Zeit in New York, brachte sie ein sorgfältig kuratiertes Portfolio an beliebten internationalen und Indie-Beauty-Marken in ihre Heimatstadt. Der Store bietet eine breite Auswahl an Nischen-Schönheitsprodukten mit Schwerpunkt auf natürlichen Inhaltsstoffen und nachhaltigen Verpackungen. Von Hautpflege und dekorativer Kosmetik bis zu Düften und Accessoires – alles für Liebhaber schöner Dinge.

Zum Abschluss dieser kleinen wunderbaren Reise durch die Einkaufs- und Genießerwelt der Frankfurter Altstadt darf es vielleicht noch etwas Kultur sein.

Willkommen in der **Paulskirche**, dem historischen Herzstück Frankfurts und einem Symbol für Freiheit und Demokratie. Hier, wo einst die ersten Buchmessen stattfanden, erleben Sie heute bedeutende Ausstellungen und Veranstaltungen. Besonders hervorzuheben ist die Verleihung des Friedenspreises des Deutschen Buchhandels – ein Moment, der die Paulskirche jedes Jahr in den Mittelpunkt der Weltkultur rückt. Tauchen Sie ein in die reiche Geschichte dieses besonderen Ortes und erleben Sie gelebte Demokratie.

***

Bei der Einkaufs- und Erlebnistour durch die Frankfurter Altstadt konnten wir die "Wundertüte Innenstadt" in ganz besonderer und vielfältiger Form erleben. Es wurden ganz besondere Geschäfte vorgestellt, die sich durch die sehr hohe Zufriedenheit der Kunden auszeichnen.

Die Basis und die Berechnung der Daten aus den Social-Media-Kanälen hat der **"LadenButler"** (https://www.laden-butler.de) geliefert. Insgesamt sind dort 41 Läden aus Frankfurt ausgezeichnet worden, die nicht alle hier präsentiert werden können. Besuchen Sie dazu einfach die o.g. Webseite.

Einen ganz besonderen Stadtteil Frankfurts wollen wir aber noch etwas genauer ansehen.

***

Willkommen in **Sachsenhausen**, einem der vielfältigsten und charmantesten Stadtteile Frankfurts. Am linken Mainufer gegenüber der Altstadt gelegen, vereint dieser traditionsreiche Stadtteil das lebendige Flair historischer Apfelweinwirtschaften mit dem modernen Lebensgefühl seiner Bewohner. Der Norden beeindruckt mit dicht bebauten Gründerzeitvierteln, während der Süden durch seine lockere Bebauung besticht. Besonders Alt-Sachsenhausen zieht mit seinen gemütlichen Gaststätten und der pulsierenden Partymeile zahlreiche Besucher an.

Entdecken wir ein Viertel voller Geschichte, Kultur und Lebensfreude.

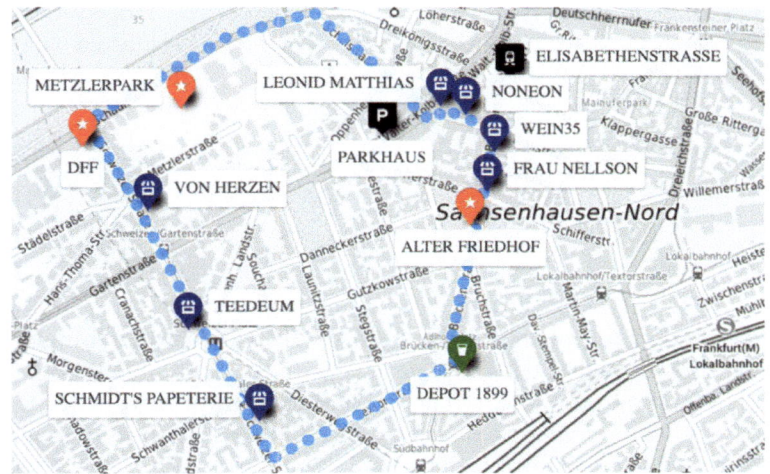

Fußläufiger Zeitbedarf (36')

Wir starten, mit dem Pkw kommend, vom Parkhaus Alt-Sachsen-hausen aus. Mit öffentlichen Verkehrsmitteln nimmt man die Frankfurter Tram-Linie 12 (Hauptbahnhof/Münchener Straße) in Richtung Offenbach (Main-Westend) und steigt an der *Elisabethen-straße*, nach ca. 14 Minuten Fahrzeit, aus. Von da aus oder aus dem Parkhaus kommend, begeben wir uns in die *Schulstraße* zu unserem ersten Laden, dem Bekleidungsgeschäft **leonid matthias**.

Leonid Matthias ist ein Frankfurter Modelabel, das Mode und Ac-cessoires für alle Geschlechter kreiert. Jede Kollektion erzählt eine einzigartige Geschichte und besticht durch liebevolle Details, die oft erst auf den zweiten Blick erkennbar sind. Frei nach dem Motto "Der größte Trend ist Individualität" bieten sie vielfältige Linien an, die von sportlich über avantgardistisch bis hin zu zeitlos reichen. Seit 2008 fertigt das Team alle Stücke in Frankfurt, legt Wert auf exzellente Materialien und sorgfältige Verarbeitung, um Lieblingsstücke für den Alltag zu schaffen.

Gleich nebenan treffen wir auf ein ganz besonderes Angebot, ein Beleuchtungsgeschäft mit typografischen Einzelstücken und Objekten.

Wir befinden uns am Atelier **NONEON buchstaben_objekte** von Fabian Thiele, das für seine einzigartigen Licht- und Typographie-Objekte bekannt ist. Thiele verarbeitet historische Leuchtreklamen zu modernen Stehleuchten und anderen kreativen Formen. Seine Arbeiten, die bereits bei der Luminale 2010 und dem Lichter Filmfest 2009 präsentiert wurden, reflektieren seine Leidenschaft für klassische Leuchtreklame. Thiele sammelt, konserviert und dokumentiert Relikte vergangener Zeiten, was seine Sammlung zu einem beeindruckenden Archiv traditioneller "Frankfurter Originale" macht.

Wir biegen nun von der *Schulstraße* rechts in die *Brückenstraße* ein. Sollte es gerade nach 17:00 Uhr sein, dann ist vielleicht Zeit für einen Zwischenstopp in der Weinboutique **Wein35**. Wenn nicht, kommen Sie einfach später wieder zurück, es lohnt sich.

Als zweites Zuhause wird diese Weinboutique gerne von Gästen betitelt. Hier werden sie nicht nur mit exzellenten Weinen verwöhnt, sondern auch persönlich begrüßt, als wären sie alte Freunde. Die entspannte Atmosphäre und das herzliche Team machen jeden Besuch zu einem Erlebnis. Olli und sein Team kennen die Vorlieben ihrer Gäste und bieten stets die passende Weinempfehlung.

Kein Schnickschnack, sondern authentische Gastfreundschaft mit ausgewählten Weinen und köstlichen, abgestimmten Gerichten. Die weniger Weinseligen ziehen gleich weiter zu den "Schönigkeiten" von **Frau Nellson**.

Der Laden in der Brückenstraße 41 bietet eine vielfältige Auswahl an Bio-Kindermode, Schuhen, Spielwaren und Möbeln, die sowohl Kinder als auch Erwachsene begeistert. Kinder können in der Spielecke spielen, während die Eltern beraten werden, z.B. beim Schuhkauf. Eine kleine Ausstellung zeigt zeitlose, nachhaltige Kindermöbel von Oliver Furniture und Leander. Das Sortiment umfasst fair und umweltfreundlich produzierte Kleidung aus natürlichen Materialien und spezielle Frühchenkleidung. Geschäftsführerin Mirella, selbst Mutter, und ihre Kollegin Frau Nellson, wählen mit viel Erfahrung und Gespür für Trends die Produkte aus.

Vielleicht ist jetzt wirklich Zeit für eine Bummelpause. Wir streben eine der spannendsten Gastronomiekonzepte in Sachsenhausen an. Auf dem Weg dahin nehmen wir die Abkürzung über den Alten Friedhof. Jetzt wird es keineswegs "gruselig". Der **Alte Friedhof** wurde längst aufgegeben und fungiert heute als Park, Spielplatz und Kulturstätte.

Am Ende des Parks, Ecke *Gutzkowstraße* steht die Frankfurter KunstSäule - eine Litfaßsäule, die zur Freiluftgalerie umfunktioniert wurde. Hier präsentieren sich jährlich drei wechselnde künstlerische

Positionen. Diese einzigartige Säule lädt dazu ein, Kunst im öffentlichen Raum interaktiv zu erleben, während man um sie herumgeht.

Wir überqueren die *Gutzkowstraße* und bleiben noch ein kleines Wegstück in der *Brückenstraße* und stoßen bald auf die Textorstraße mit unserem Zwischenziel, dem Wirtshaus **Depot 1899** in einem alten Backsteingebäude.

1899 steht für das Eröffnungsjahr des Depots für die elektrische Straßenbahn. 2003 verließ die letzte Bahn das Depot. Es dauerte einige Jahre, bis wieder Leben in das ehrwürdige Haus einzog. 2009 eröffnete im renovierten Gebäude ein Restaurant mit Biergarten und Eventbereich.

Nach dieser kleinen Erholungspause gehen wir links noch ein Stück die *Textorstraße* entlang und biegen nordwärts ein in die *Schweizer Straße*, wo wir rechter Hand auf **Schmidt's Papeterie** treffen, einem etwas anderen Schreibwarengeschäft.

Schmidt's Papeterie ist seit 1995 Teil von Frankfurt-Sachsenhausen. Zunächst 15 Jahre am Schweizer Platz, dann in der Schweizer Straße und jetzt auch online. Gegründet von einer ehemaligen Grafikdesignerin, legt der Laden Wert auf gutes Design und Liebe zum Detail. Angeboten werden Papeterieprodukte, meist von kleinen deutschen Labels, und Wohnaccessoires aus Skandinavien. Alle drei Wochen werden neue Lieblingsstücke im Schaufenster präsentiert. Besucher sind herzlich eingeladen, die kreativen Entdeckungen vor Ort zu erleben.

Wir gehen der *Schweizer Straße* Richtung Mainufer weiter entlang und finden linker Hand gleich nach dem Verkehrskreisel das **Tee-DeUm**.

Das Ladengeschäft, ein Ableger der Hauptstelle im badischen Bühl, ist auf liebevoll und sorgfältig hergestellte Produkte spezialisiert, die Neugier wecken und vom Üblichen abweichen. Kunden können die einzigartigen Accessoires und Genießer-Produkte aus kleinen Handwerksbetrieben ausprobieren und anfassen. Diese besonderen Stücke, oft Unikate oder in kleinen Mengen erhältlich, erhalten fast ausschließlich höchste Bewertungen. Das Sortiment wird sorgfältig ausgewählt, um außergewöhnliche Qualität zu bieten. Entdecker werden hier fündig.

Wir ziehen weiter und erreichen bald unseren letzten Lieblingsladen auf der Sachsenhausen-Tour, das **Von Herzen**.

Fashionistas und Interior-Liebhaber aufgepasst: Dieser Concept Store bietet frischen Wind für Kleiderschränke und stilvolle Wohntextilien. Frauen, Männer und Kinder finden hier exklusive Fashionprodukte und handgenähte Wohnaccessoires. Die Kunden genießen stets eine freundliche Begrüßung sowie individuelle und professionelle Beratung. Hier werden Kundinnen und Kunden wie Königinnen oder Könige behandelt.

Noch geistig frisch? Lust auf Kino? Dann nichts wie hin zum **DFF**.

Das DFF – Deutsches Filminstitut & Filmmuseum – ist ein international führendes Zentrum für Filmerbe und Filmkultur. Es vereint auf einzigartige Weise Museum, Kino, Archive, Festivals und Bildungsangebote. Die Dauerausstellung und wechselnde Sonderausstellungen zeigen die faszinierende Welt des Films. Vom historischen Equipment bis zu digitaler Innovation – das DFF bewahrt, erforscht und teilt Filmgeschichte weltweit. Ein Ort, an dem Film in all seinen Facetten erlebbar wird.

Wer einfach nur noch entspannen und zum Abschluss unserer Tour etwas Natur genießen will, der durchquere auf dem Rückweg zum Parkhaus den **Metzlerpark**.

Zwischen Schaumainkai und Metzlerstraße liegt der charmante Metzlerpark – eine grüne Oase, die Ruhe und Erholung vom städtischen Trubel bietet. Für Besucher und Einheimische gleichermaßen ist dieser Park ein wunderschöner Rückzugsort, der Natur, Kunst und Geschichte vereint.

Der Metzlerpark ist umgeben von stattlichen Villen und grenzt an das Museum Angewandte Kunst, dessen weiße, moderne Architektur sich harmonisch in die Landschaft fügt.

Der Spaziergang beginnt durch eine großzügige, gepflegte Grünfläche, die von großen alten Bäumen dominiert wird. Besonders im Frühling und Sommer erstrahlt der Park in voller Blüte und bietet zahlreiche Plätze zum Verweilen – sei es auf einer Parkbank oder direkt auf der Wiese. Das Highlight des Parks ist zweifelsohne die Villa Metzler, ein wunderschönes Gebäude im klassizistischen Stil. Die Villa diente früher als Wohnsitz der Familie Metzler, einer der bedeutendsten Frankfurter Bankiersfamilien. Heute beherbergt sie das Kinder- und Jugendmuseum, das spannende Ausstellungen für junge Besucher und Familien bietet. Es ist faszinierend, wie der historische Charme der Villa mit moderner Kunst und Kultur verschmilzt.

Ein Spaziergang durch den Metzlerpark bietet eine wunderbare Mischung aus Kultur und Entspannung. Kunstliebhaber kommen hier besonders auf ihre Kosten, da der Park Teil des Frankfurter Museumsufers ist. Neben dem Museum Angewandte Kunst sind auch das Deutsche Architekturmuseum und das Museum für Kommunikation nur wenige Gehminuten entfernt.

Wenn Sie noch Zeit und Muße haben, dann sollten Sie einen Abstecher ans nahegelegene Mainufer machen. Nur ein kurzer Spaziergang entfernt, bietet es herrliche Ausblicke auf die Frankfurter Skyline.

Blick auf die Frankfurter Skyline

Zusammengefasst ist der Metzlerpark ein idealer Ort für alle, die Frankfurts kulturelle Schätze entdecken und gleichzeitig inmitten von Grün zur Ruhe kommen möchten. Egal, ob für einen kurzen

Zwischenstopp oder einen entspannten Nachmittag – dieser Park ist definitiv ein Geheimtipp in der Mainmetropole.

In unmittelbarer Nähe befindet sich unser Ausgangspunkt, das Parkhaus Alt-Sachsenhausen und damit endet unsere Tour durch dieses Viertel.

***

Sachsenhausen hat sich auf unserer Tour als charmanter und lebendiger Stadtteil Frankfurts gezeigt. Wir konnten eine abwechslungsreiche Einkaufslandschaft mit kleinen Boutiquen, Feinkostläden und trendigen Geschäften kennenlernen. Neben Shopping lockten auch viele Kunst- und Kulturangebote, wie das Museumsufer mit seinen renommierten Museen. Sachsenhausen vereint lokale Tradition mit urbanem Flair, was es zu einem besonderen Erlebnis für Besucher macht – sei es zum Shoppen, Essen oder kulturellen Entdecken.

WIESBADEN

La Vie est belle.
Wo das Leben süß,
glitzernd und glamourös
sein kann.

Wiesbaden ist die elegante Landeshauptstadt von Hessen und bekannt für ihre lange Geschichte als Kurstadt sowie ihr beeindruckendes architektonisches Erbe. Die Stadt liegt malerisch am Rhein und hat sich als Ort der Erholung, Kultur und Lebensqualität etabliert. Wiesbaden bietet eine Mischung aus Tradition und Moderne, die sich sowohl in den historischen Bauten als auch im pulsierenden Stadtleben widerspiegelt.

Die Stadt hat sich durch Thermalquellen einen Namen gemacht und ist eine der ältesten Kurstädte Europas. Die heißen Quellen, die schon von den Römern genutzt wurden, prägen noch heute das Stadtbild. Das Kurhaus und der Kurpark sind zentrale Wahrzeichen, die die glanzvolle Kurtradition repräsentieren. Darüber hinaus ist Wiesbaden ein bedeutendes Verwaltungs- und Dienstleistungszentrum sowie Standort für internationale Unternehmen.

Wiesbaden hat eine lebendige Kulturszene. Das Hessische Staatstheater bietet Oper, Ballett und Theater auf hohem Niveau, während das Museum Wiesbaden bedeutende Sammlungen in Kunst und Naturgeschichte zeigt. Besonders sehenswert ist auch die prachtvolle Russische Kapelle auf dem Neroberg mit fantastischem Blick über die Stadt. Der Neroberg ist ein beliebtes Ausflugsziel und bietet nicht nur großartige Ausblicke auf die Stadt, sondern auch Wanderwege und einen Seilbahnaufstieg. Der Neroberg-Tempel und das Opelbad sind ebenfalls Highlights.

Wiesbaden bietet vielfältige Einkaufsmöglichkeiten, die von Luxus bis hin zu lokalen Besonderheiten reichen.

Die Wilhelmstraße, auch "Wiesbadener Rue" genannt, ist bekannt für ihre exklusiven Geschäfte, Boutiquen und Designerläden. Hier findet man Luxusmode, Juweliere und gehobene Kaufhäuser in einer beeindruckenden historischen Umgebung. Die Innenstadt rund um die Langgasse und Kirchgasse bietet eine Mischung aus großen

Marken, kleineren Boutiquen und Kaufhäusern, sodass für jeden Geschmack etwas dabei ist.

Wiesbaden ist aber auch eine Stadt des guten Essens und Genusses. Von gehobener Küche bis hin zu traditionellen hessischen Spezialitäten gibt es vieles zu entdecken.

Rund um den Marktplatz bieten viele Restaurants lokale und internationale Küche. Die Kombination aus gemütlichen Cafés, eleganten Restaurants und traditionellen Wirtshäusern sorgt für kulinarische Vielfalt.

Die Region ist für Spezialitäten wie Handkäse mit Musik und Apfelwein bekannt, die in rustikalen Gaststätten serviert werden. Probieren sollte man auch den Rheingauer Riesling, da Wiesbaden im Herzen eines der besten Weinbaugebiete Deutschlands liegt.

Zusammengefasst ist Wiesbaden eine Stadt, die sowohl durch ihre elegante Kurstadt-Atmosphäre als auch durch ihre kulturelle und kulinarische Vielfalt begeistert. Ob bei einem entspannenden Thermenbesuch, einer Shoppingtour oder dem Genuss regionaler Weine – Wiesbaden bietet Besuchern ein besonderes Erlebnis.

***

Wir erreichen den Ausgangspunkt für unsere Tour per Pkw, indem wir unser Fahrzeug im Parkhaus bzw. der Tiefgarage *Am Markt* abstellen. Nutzer öffentlicher Verkehrsmittel steigen am *Hauptbahnhof* in die Buslinie 14 in Richtung *Carl-von-Linde-Straße* und erreichen in wenigen Minuten, nach 3 Stationen, den Haltepunkt *Dern'sches Gelände*. Nachdem wir die *Friedrichstraße* überquert haben, öffnet sich vor uns ein weitläufiger Platz, das *Dern'sche Gelände*, das in den *Marktplatz* übergeht.

Unsere Tour kann nun beginnen.

Fußläufiger Zeitbedarf (32')

Ganz nach dem Motto "La vie est belle" starten wir mit einem französischen Frühstück und kehren gleich am Platzeingang, in der Marktstraße 2, bei den **Les Deux Messieurs** ein. Aber seien Sie genügsam, es gibt noch einige andere Genussstationen auf unserer Tour.

Im Les Deux Messieurs erlebt der Gast ein Stück Frankreich mit allen Sinnen. Der Duft von frisch gebackenem Brot, Croissants und Brioches weckt Vorfreude auf das, was kommt. Vom reichhaltigen Frühstück über hausgemachte Quiches bis hin zu knackigen Salaten zur Mittagszeit – hier findet jeder Gaumen sein Glück. Begleitet von hausgemachter Limonade oder einem spritzigen Cidre, wird jede Mahlzeit zum Genussmoment. Ein Cappuccino oder Espresso krönt den Kurzurlaub in Frankreich direkt vor Ort.

Sollte es Mittwoch oder Samstag sein, dann lohnt sich nach dem Café-Besuch ein Rundgang auf dem **Wiesbadener Wochenmarkt**.

Der Wochenmarkt auf dem Dern'schen Gelände in Wiesbaden bietet ein Höchstmaß an Frische und Qualität. Viele Produkte stammen direkt aus der Region und dem Umland, darunter auch Bio-Erzeugnisse. Saisonale Anbieter ergänzen das vielfältige Angebot je nach Jahreszeit. Zudem lädt der Weinstand von April bis November zum genussvollen Verweilen ein. Hier präsentieren wechselnde Winzer des Wiesbadener Winzer e.V. ihre Weine und bieten regionale Qualität zum Probieren an. Ein weiteres Angebot mit abwechslungsreichen Köstlichkeiten ist der Schlemmerplatz. Unter schattigen Bäumen und geschützten Plätzen genießen Besucher kulinarische Vielfalt in entspannter Atmosphäre.

Wir ziehen nun weiter in die *Marktstraße* zur nächsten Versuchung, das **Maison Köller - L'Art Sucré**.

Maison Köller – L'Art Sucré kreiert süße Meisterwerke in kunstvoller Handarbeit mit besten Zutaten. Ziel ist es, besondere Genussmomente zu schaffen und französische Haute Pâtisserie in Deutschland erlebbar zu machen. Das Team um Sandra und Florian Köller betreibt drei Ladengeschäfte mit Cafés in Wiesbaden, Frankfurt und Bad Homburg sowie einen Webshop für Deutschland und Europa. Leidenschaftlich arbeiten sie täglich daran, den Genuss süßer Köstlichkeiten zu perfektionieren. Der Lohn ist eine stolze Reihe von internationalen Auszeichnungen für ihre Schokoladenkreationen.

Wir wagen nun einen kleinen Produktvergleich und biegen rechts in das *Prinzengässchen* ein und stoßen auf die *Grabenstraße*. Rechter Hand sehen wir gleich unser nächstes kulinarisches Ziel, das **xocoatl – feine schokoladen**.

Bereits am 16. April 2005 eröffnete Katrin Flietner das Geschäft "xocoatl – feine schokoladen" in der Wiesbadener Altstadt. Schon beim Betreten des Ladens umhüllt die Kunden ein betörender Duft einer Vielzahl an Schokoladenspezialitäten. Nach einer Karriere als Prokuristin bei einer Großbank entschied sich Flietner nach einem Coaching zur Neuorientierung für die Gründung ihres eigenen Schokoladengeschäfts. Sie und ihr Team verkaufen mit Leidenschaft handverlesene Schokoladen und reisen weltweit, um Chocolatiers persönlich kennenzulernen. Ihr Engagement hat ihr in Schokoladenkreisen Anerkennung eingebracht, und sie ist Jury-Mitglied bei den "International Chocolate Awards". Der Name "xocoatl" leitet sich von einem Maya-Wort ab, das ein Kakaogetränk bezeichnet.

Nachdem Sie nun sicher reichhaltig Schokoladen im Gepäck haben, gönnen Sie sich vielleicht eine kleine Pause und kehren ins **Café Maldaner** ein. Wir gehen dazu zurück zur *Marktstraße*. Auf der linken Seite finden wir im Haus 34 unser Ziel, das 1. Original Wiener Kaffeehaus in Deutschland. Vielleicht waren unsere bisherigen Stationen eher ein KANN, der Besuch bei Maldaner ist dagegen nahezu ein MUSS. Lassen Sie sich ein auf diese besondere Atmosphäre eines altehrwürdigen Hauses.

Seit über 150 Jahren verbindet das Haus Tradition mit Innovation, um seine Gäste mit einzigartigen Kreationen zu verwöhnen. Ausschließlich hochwertige, regionale Zutaten finden hier ihren Platz – liebevoll verarbeitet in der hauseigenen Konditorei. In einer Welt voller Hektik bietet dieser Ort eine Oase der Entschleunigung. Bei einer frisch gebrühten Tasse Kaffee laden handgefertigte Kuchen und Pralinen zum Genuss ein. Hier findet jeder die süße Pause, die den Alltag verzaubert.

Begeben wir uns nun in die Welt der Goldschmiedekunst und Kultur. Wobei auch hier der Genuss nicht zu kurz kommt. Vom Cafe Maldaner halten wir uns links und biegen sofort rechts in die *Langgasse* ein. Nach ca. 150 m stehen wir vor dem **LOFTWERK Goldschmiede**, Genuss & Kunst.

Das LOFTWERK vereint Kunst, Genuss und Handwerk auf unvergleichliche Weise. Hier entstehen einzigartige Schmuckstücke in einer offenen Goldschmiedewerkstatt, begleitet von monatlichen Events wie Gin-Lounges, Käse-Wein-Verkostungen, Schmuck-Workshops und Kunstausstellungen. Anja Roethele und ihr Team kreieren unvergessliche Erlebnisse und exklusive Unikate, die seit über 20 Jahren begeistern. LOFTWERK ist mehr als ein Ort – es ist eine Oase für die Sinne und eine Bühne für Kreativität und Genuss.

Wir verlassen die Schlemmer- und Glitzermeile in der Wiesbadener Innenstadt und wenden uns dem Thema Mode und Glamour zu. Wir gehen dazu der *Langgasse* noch in Richtung Norden entlang und stoßen nach wenigen Schritten auf die *Weberstraße*, biegen rechts ein und stehen gleich vor unserem nächsten Ziel, dem Herrenbekleidungsgeschäft **Monsieur Mode**.

Seit über 30 Jahren bietet Monsieur in Wiesbaden und Neu-Isenburg exklusive Designermode und hochwertige Kreativ-Labels. Der Wiesbadener Laden mit 200 qm ist auf Herrenmode spezialisiert. Das Team wählt jede Saison die besten Stücke für anspruchsvolle Kunden aus und legt großen Wert auf exzellenten Service und individuelle Beratung. Änderungen an Kleidungsstücken werden vor Ort schnell und passgenau durchgeführt.

Wir verlassen das Geschäft und begeben uns über die Straße *An den Quellen* und der *Burgstraße* in Richtung *Wilhelmstraße*, der "Wiesbadener Rue". Wie gehen der Straße auf der rechten Seite in Richtung *Rheinstraße* entlang. Auf der anderen Straßenseite begleitet uns eine Platanenallee.

Platanen an der Wilhelmstraße in Wiesbaden

Nach einem kurzen Stück stehen wir vor unserem nächsten Ziel, dem beliebten Damen- und Herren-Mode-Geschäft **BURRESI**.

BURRESI bietet Einblicke in die Archive von Top-Marken aus Frankreich, Italien und den USA, die den Zeitgeist vergangener Epochen aufleben lassen. Als einer der bekanntesten Multi-Brand-Retailer für Damen und Herren in Deutschland kombiniert BURRESI zeitgenössische Designerartikel mit aufregenden Newcomer-Labels und schafft so immer wieder stylische Überraschungen.

Nur wenige Schritte auf der *Wilhelmstraße* weiter, stehen wir vor dem Store von **Daniel Thiel**, dem modischen Höhepunkt unseres Einkaufs- und Erlebnisspaziergangs in der Wiesbaden Innenstadt.

In diesem Geschäft sind Kunden mehr als nur Kunden – sie sind Gäste. Das Team gibt täglich sein Bestes, um eine einladende Atmosphäre zu schaffen. Der Inhaber verwirklichte seinen Traum eines eigenen Geschäfts in der Wiesbadener Wilhelmstraße. Kreativität, Leidenschaft und Begeisterung für Mode sind die Antriebskräfte. Fashion, Home & Living, Accessoires und Beauty sind die Themenwelten. Das Geschäft bietet ein exklusives Angebot und exzellenten Service in harmonischer Atmosphäre.

Wir kommen an das Ende unserer Tour und gönnen uns zur Abrundung unserer Erlebnisse einen besinnlichen Abschluss. Wir biegen von der *Wilhelmstraße* rechts ab in die *Karl-Glässing-Straße* und erreichen wieder unseren Ausgangspunkt, den *Marktplatz*. In Sichtweite grüßt uns die **Marktkirche** und lädt uns zu einem Besuch ein.

Markt-kirche

Marktkirche in Wiesbaden

Die Marktkirche in Wiesbaden ist mehr als ein historisches Bauwerk – sie ist ein Symbol der Stadt und ein Ort, der Kunst, Geschichte und Spiritualität vereint. Mit ihren beeindruckenden neugotischen Türmen, die weit über Wiesbaden hinaus sichtbar sind und ihrem majestätischen Innenraum, lädt sie dazu ein, innezuhalten und die besondere Atmosphäre zu erleben. Jeder Besuch dieser Kirche ist eine Reise in die Vergangenheit, eine Begegnung mit außergewöhnlicher Architektur und eine Hommage an das kulturelle Erbe Wiesbadens. Sie ist ein Ort, der inspiriert und berührt.

Wir sind am Ende unseres Spaziergangs durch die Wiesbadener Innenstadt angekommen. In unmittelbarer Nähe befinden sich das Parkhaus Markt und die Haltestelle der Linie 14 "Dern'sches Gelände".

Kleiner Tipp: Starten Sie alternativ vom Parkhaus Coulinstraße aus und beginnen mit dem LOFTWERK. Dann schließen Sie die Tour mit den Spezereien und dem Café Maldaner ab. Viel Vergnügen.

***

Wiesbaden ist nicht nur als Kur- und Landeshauptstadt von überregionaler Bedeutung. Die Stadt und insbesondere ihr historischer Kern strahlt ein internationales Flair aus. Internationale Köstlichkeiten, internationale Modelabels, Tradition und Moderne haben unseren Weg durch die Plätze und Straßen begleitet. Neben den hier vorgestellten Läden und Cafés gibt es in anderen Stadtteilen noch viele spannende Konzepte zu entdecken. Von Hawaii-Hemden und Vintagemode könnten wir zum Beispiel noch berichten und versichern, die dort zu findenden authentischen Schnitte und raffinierten Details sorgen stets für einen grandiosen Auftritt.

Deshalb schließen wir mit den Eingangsworten: La vie est belle.

OFFENBACH

Offenbachs Vielfalt: Mode, Literatur, Genuss und Marktkultur im Herzen der Stadt

Offenbach am Main, die Stadt in direkter Nachbarschaft zu Frankfurt, zeichnet sich durch eine interessante Mischung aus Multikulturalität, industrieller Geschichte und einer lebendigen städtischen Szene aus. Die Stadt hat eine reiche Geschichte als Zentrum der Lederverarbeitung, was ihr lange den Ruf einer Arbeiterstadt verlieh, doch heute ist Offenbach ein vielfältiger und dynamischer Ort, der sich stetig weiterentwickelt.

Offenbach ist bekannt für seine große kulturelle Vielfalt. Menschen aus über 150 Nationen leben in der Stadt, was sie zu einem der internationalsten Orte Deutschlands macht. Diese Vielfalt prägt den Alltag, das Stadtbild und die Kultur Offenbachs. Offenbacher gelten als offen, tolerant und anpassungsfähig.

Historisch war Offenbach ein Zentrum der Lederindustrie. Viele alte Werkstätten prägen noch heute das Stadtbild, auch wenn diese oft zu Wohn oder Gewerbeflächen umgestaltet wurden. Der industrielle Charme der Stadt, kombiniert mit modernen städtischen Entwicklungen, ergibt eine spannende Mischung aus Alt und Neu.

Offenbach hat eine lebendige Kunstszene. Insbesondere das Klingspor Museum zeigt die Faszination internationaler Buchkunst und Schriftkunst. Zahlreiche Ateliers sowie Galerien machen die Stadt zu einem Zentrum für kreative Köpfe. Auch der Kulturverein und diverse Festivals spiegeln diese kreative Energie wider.

Trotz der Nähe zu Frankfurt und seiner Rolle als Teil der Metropolregion Rhein-Main hat Offenbach sich eine gewisse kleinstädtische Atmosphäre bewahrt.

Die Offenbacher Innenstadt bietet eine breite Palette an Einkaufsmöglichkeiten. Die Fußgängerzone Frankfurter Straße ist die zentrale Einkaufsstraße der Stadt. Hier finden sich sowohl große Einzelhandelsketten als auch lokale Geschäfte, die ein eher individuelles Shopping-Erlebnis bieten. Besonders charakteristisch sind kleine Läden, die internationale Waren anbieten, was die multikulturelle Vielfalt der Stadt unterstreicht.

Ein Highlight des Einkaufens in Offenbach ist der Offenbacher Wochenmarkt auf dem Wilhelmsplatz. Hier bieten lokale Produzenten frische Produkte, von Obst und Gemüse bis hin zu Brot, Käse und Fleischwaren. Der Markt ist nicht nur ein Ort zum Einkaufen, sondern auch ein sozialer Treffpunkt, an dem Offenbacher aller Altersgruppen zusammenkommen. Die Offenbacher genießen es, in gemütlichen Cafés zu verweilen. Besonders rund um den Wilhelmsplatz und in der Nähe des Rathauses gibt es viele charmante Cafés, in denen man Kaffeespezialitäten und hausgemachte Kuchen genießen kann.

Zusammengefasst ist Offenbach eine Stadt, die ihre industriellen Wurzeln mit einer modernen und multikulturellen Gegenwart verbindet. Die Stadt bietet eine einzigartige Mischung aus lokalen Traditionen und internationalen Einflüssen, die das Leben in Offenbach so spannend und lebenswert machen.

***

Wir parken im Parkhaus des Einkaufszentrum KOMM und starten von dort die Tour, über den *Aliceplatz* zur *Frankfurter Straße*.

Fußläufiger Zeitbedarf (20')

Andere, die mit öffentlichen Verkehrsmitteln kommen, nehmen vom Offenbacher Hauptbahnhof die Linie 108 in Richtung Marktplatz/ Berliner Straße und steigen nach einer Station an der Haltestelle Kaiserstraße aus. Zu Fuß dauert das etwa 10 Minuten, wenn Sie wollen. Unmittelbar neben der Haltestelle beginnt die Fußgängerzone Frankfurter Straße.

In der *Frankfurter Straße/ Ecke Aliceplatz* treffen wir auf unsere 1. Station, die **Steinmetz'sche Buchhandlung**.

Seit 1835 bietet die Steinmetz'sche Buchhandlung in Offenbach eine sorgfältig kuratierte Auswahl an Kinder- und Jugendbüchern, Belletristik, Sach- und Kochbüchern sowie Geschenkartikeln und ist damit die älteste Buchhandlung der Stadt. Das Sortiment wird täglich ergänzt und umfasst auch Grußkarten und Geschenkverpackungen. Die Buchhandlung überzeugt mit ihrem 60er-Jahre-Ambiente, einem privaten Lesegarten und der zentralen Lage in der Fußgängerzone.

Wir gehen die *Frankfurter Straße* weiter entlang und stoßen linker Hand auf unser nächstes spannende Offenbacher Traditionsgeschäft, dem Modehaus **M.Schneider**.

Gegründet im Jahr 1905, bleibt das Unternehmen stets am Puls der Zeit. Durch kontinuierliche Veränderung und Modernisierung sowie dank motivierter Mitarbeiter und treuer Kunden ist es auch nach über 100 Jahren ein fester Bestandteil von Offenbach. Die

Marke M. Schneider repräsentiert heute Trends, Inspiration und Begeisterung für Mode. Überzeugen Sie sich selbst.

Wir verlassen nun die *Frankfurter Straße* und biegen links in den *Marktplatz* ein, überqueren die Straße und wenden uns links auf Höhe der *Bieberer Straße*. Nach wenigen Metern stehen wir vor einem der schönsten Wochenmärkte Deutschlands, am *Wilhelmsplatz*. Stopp! Bevor wir uns ins Marktgewühl werfen, besuchen wir noch einen Standort der ganz besonderen Handwerkskunst. Wir gehen noch ein paar Schritte der *Bieberer Straße* entlang und finden rechts nach der Hausnummer 21 einen schmalen Durchgang und kommen zur **Käsefabrik L'Abbate.**

Im Herzen von Offenbach verbirgt sich ein wahrer Geheimtipp: Die Käserei, besser bekannt als Fabbrica Latticini L'Abbate, existiert seit über 40 Jahren. Ihre Geschichte begann in den 60er-Jahren, als der italienische Migrant Antonio L'Abbate sich nach dem heimischen Käse sehnte. Seitdem hat sich einiges verändert: Von mühsamer Handarbeit hin zu maschineller Unterstützung. Doch deren Liebe und ihr Streben nach qualitativ hochwertigen, natürlichen Produkten sind geblieben. Heute führen Vito Giuseppe und seine Frau Andrea den Familienbetrieb und beliefern Großkunden, Gastronomen sowie Feinkostläden. Zudem laden sie im Hofladen zum persönlichen Einkaufserlebnis ein.

Nach diesem Feinschmeckererlebnis gönnen wir uns kurz nochmal geistige Genüsse. Wir gehen zurück auf die *Bieberer Straße*, wenden uns links Richtung *Wilhelmsplatz* und stoßen genau an der Ecke auf den **Buchladen am Markt,** kurz b|a|m im Sprachgebrauch.

Andrea Tuscher, gelernte Verlagskauffrau, bringt 14 Jahre Erfahrung im Buchhandel mit. Seit 2012 führt sie den Buchladen am Markt in Offenbach und erfüllt sich damit einen Jugendtraum. Der Laden ist ein Treffpunkt für literarisch und kulturell Interessierte, die auch gerne auf dem Wochenmarkt einkaufen. Auf 90 Quadratmetern bietet Tuscher ein breites Sortiment und erweitert stetig das Kinder- und Jugendbuchangebot. Eine Sitzecke und vielfältige Veranstaltungen machen den Buchladen besonders einladend.

Aber nun stürzen wir uns rein ins Marktgewühl und lassen uns von dem Flair des Marktes gefangen nehmen.

Auf **Offenbachs Wochenmarkt** verschmelzen Offenheit, Vielfalt und Herzlichkeit zu einem lebhaften Einkaufserlebnis und einem kulinarischen Treffpunkt. Saisonales Obst und Gemüse lokaler Erzeuger sowie Spezialitäten aus Griechenland, Italien, der Türkei und Vietnam bieten eine Fülle von Aromen und Düften.

Hier gibt es für jeden Geschmack etwas. Der Wilhelmsplatz, umgeben von Gastronomie, lädt zum Frühstücken und Kaffeetrinken ein, während man das Markttreiben genießt.

Wochenmarktgenießer am Wilhelmsplatz

Wer nicht im Stehen den einen oder anderen Snack am Markt einnehmen und nun lieber eine Erholungspause einlegen will, der wende sich gleich am Anfang des *Wilhelmsplatzes* dem Restaurant Tafelspitz & Söhne zu. Hier findet sich im Sommer außen auch ein Plätzchen im Schatten, das uns das Treiben auf dem Wochenmarkt gut beobachten lässt.

Tradition trifft Moderne – im **Tafelspitz & Söhne** wird Altbewährtes neu interpretiert. Mit frischen Zutaten direkt vom Offenbacher Markt, kreativen Köchen und einer Prise Fantasie entstehen unverwechselbare Gerichte, die vertraut wirken, aber überraschen. Ob gutbürgerlich oder international, hier schmeckt es vielfältig und immer frisch. Besonders beliebt: Das Markttagsfrühstück auf der Sonnenterrasse. Und egal, ob bei Tafelspitz am Tag oder Cocktails am Abend – die Atmosphäre ist entspannt, der Service herzlich. Tafelspitz & Söhne ist immer ein Erlebnis.

Wir schlendern nochmal über den Wochenmarkt und bewegen uns wieder Richtung *Bieberer Straße* zum Eingang des Marktes. Links neben dem Markthaus grüßt uns die Skulptur des **Streichholzkarlche**, einem Offenbacher Original.

Das Denkmal des Streichholzkarlche auf dem Offenbacher Wilhelmsplatz würdigt einen liebenswerten Original-Charakter der Stadtgeschichte. Karl Winterkorn, geboren 1880, bekannt für seinen Handel mit Streichhölzern, verkörperte die schrullige, aber charmante Eigenart, die Offenbach einst prägte. Als stummer Verkäufer in Gaststätten und galanter Gentleman bezauberte er die Menschen. Das Denkmal erinnert an eine Zeit, in der Individualität noch ihren Platz hatte und lässt eine fast vergessene Offenbacher Legende wieder aufleben.

Wir sind am Ende unserer Tour durch die Offenbacher Innenstadt angekommen und begeben uns zurück über die *Geleitstraße* und der *Kleinen Marktstraße* zu unseren Ausgangspunkten am *Aliceplatz* bzw. der *Frankfurter Straße*.

***

Unsere Einkaufs- und Erlebnistour durch Offenbach hat eine auffällige Dichte an beliebten Buchläden gezeigt. Das ist unter den bisher vorgestellten Städten eine herausragende Besonderheit. Nimmt man die Genusserlebnisse rund um den Wilhelmsplatz ins Gesamtbild mit hinzu, dann wird deutlich, dass geistige und kulinarische Genüsse in Offenbach eine ausgeprägte und vielfältige Heimat haben. Ein Zertifikat, das nur wenige, der oft als "kleine Schwester Frankfurts" herabwürdigend bezeichneten Stadt, zutrauen.

DARMSTADT

"Gewusst wo" ... auch ohne große Wissenschaft auf Entdeckerreise

Darmstadt, oft als "Wissenschaftsstadt" bezeichnet, ist eine dynamische und kulturell reiche Stadt im Süden Hessens. Ihre besondere Bedeutung ergibt sich aus der Rolle als Wissenschafts- und Forschungszentrum, da hier renommierte Institutionen wie die Technische Universität Darmstadt, das GSI Helmholtzzentrum für Schwerionenforschung und die Europäische Weltraumorganisation (ESA) angesiedelt sind. Diese akademischen und technologischen Einrichtungen verleihen der Stadt ein zukunftsorientiertes Flair und machen sie zu einem wichtigen Knotenpunkt für Innovation und Wissenschaft.

Neben diesem modernen, wissenschaftlichen Einfluss bietet Darmstadt aber auch eine beeindruckende kulturelle und historische Vielfalt. Dazu gehört u.a. die zum UNESCO-Weltkulturerbe gehörende Mathildenhöhe. Dieses Zentrum des Jugendstils, beherbergt Künstlerkolonien, den Hochzeitsturm und die Russische Kapelle. Ein Spaziergang durch diese Künstlerlandschaft ist ein absolutes Muss. Im Hessischen Landesmuseum kann man eine große Vielfalt an Kunst, Natur- und Kulturgeschichte erleben – von historischen Artefakten bis zu moderner Kunst.

Darmstadts Fußgängerzone ist ein beliebtes Einkaufsziel. Die Luisenstraße und der Luisenplatz sind die zentralen Punkte, an denen sich zahlreiche Geschäfte, Modeboutiquen und Kaufhäuser befinden. Hier kann man alles von bekannten Modeketten bis zu lokalen Einzelhändlern finden.

Für ein authentisches und regionales Erlebnis empfiehlt sich der Darmstädter Wochenmarkt auf dem Marktplatz. Hier kann man frische Produkte und lokale Spezialitäten kaufen.

Darmstadt ist eine faszinierende Stadt, die Wissenschaft und Kultur auf beispielhafte Weise verbindet. Ob man sich für Geschichte, Kunst, Shopping oder Kulinarik interessiert – Darmstadt bietet eine

Vielfalt an Erlebnissen. Besonders die Mathildenhöhe, die gemütlichen Parks und die lebendige Innenstadt laden dazu ein, die Stadt in all ihren Facetten zu entdecken.

Wir dürfen uns auf eine spannende Einkaufs- und Erlebnistour freuen.

* * *

Wir parken unser Fahrzeug in der *Schlossgarage Friedensplatz*. Nutzer der Öffentlichen Verkehrsmittel steigen am Hauptbahnhof in die Straßenbahnlinie 2 in Richtung TU-Lichtwiese/Campus ein und erreichen nach 4 Stationen in 8 Minuten die Haltestelle *Darmstadt Schloss*.

Fußläufiger Zeitbedarf (16′)

Wir starten unsere Entdeckungstour durch die Darmstädter Innenstadt auf dem *Ernst-Ludwig-Platz*. Neben dem ehemaligen

49

Galeria Kaufhaus am Eingang zur *Ernst-Ludwig-Straße* richtet sich der **Weiße Turm** 40 m hoch auf.

Ursprünglich wurde der Turm im 14. Jahrhundert als Teil der mittelalterlichen Stadtbefestigung erbaut und diente sowohl als Wachturm als auch als Teil des Stadttorsystems. Er markierte das nördliche Ende der Altstadt und war ein wichtiges Verteidigungsbauwerk.

Der Turm hat eine symbolische Bedeutung für die Stadtgeschichte, ist eines der Wahrzeichen der Stadt und dient heute auch als Veranstaltungsort und Aussichtspunkt.

Wir begeben uns in die *Ernst-Ludwig-Straße* und folgen ein Stück den Schaufenstern des Modehauses Henschel, dem angeblich größten Modehaus in Südhessen. Auf der rechten Seite befindet sich einer der Eingänge des Einkaufszentrums Carree. Dieser führt uns zu einer Reihe kleinerer Geschäfte, wobei unser Interesse dem Geschäft **Heinerliebe** gilt.

Heinerliebe stärkt regionale Macher und Projekte. Das Angebot umfasst Produkte von Darmstädter Künstlern und Kreativen sowie Unterstützung für Vereine und Gemeinschaftsprojekte. Neben den eigenen Produkten bietet Heinerliebe und das Heinerliebe Lädsche im Künstlereck vielfältige Artikel aus Kooperationen an.

Wir verlassen das Carree und bleiben in der *Ernst-Ludwig-Straße*, lassen die *Schuchardstraße* links liegen und treffen gleich auf OH HAPPY BAE, dem Designeroutlet für Braut- und Abendmode.

Medien haben **OH HAPPY BAE**, das Brautmodengeschäft in der Darmstädter Innenstadt, bereits lobend erwähnt. Hier finden Bräute exklusive Designer-Kleider zu unschlagbaren Preisen. Die stilvolle Dekoration beeindruckt beim ersten Schritt ins Geschäft. Die umfangreiche Auswahl und die geduldige Beratung sorgen dafür, dass jede Braut ihr perfektes Kleid findet. Besonders hervorzuheben ist der persönliche Service, der jeden Besuch zu einem unvergesslichen Erlebnis macht.

Wir bleiben weiter in der *Ernst-Ludwig-Straße* und treffen auf den *Ludwigsplatz*, werfen vielleicht einen kurzen Blick auf das Bismarck-Denkmal und biegen gleich links in eine der interessantesten Einkaufsstraßen in Darmstadt ein.

Die *Schulstraße* besticht durch ihr vielfältiges, anspruchsvolles Angebot, das vor allem durch inhabergeführte Geschäfte geprägt ist. Hier wird auf Qualität statt Masse gesetzt. Mit einer großen Auswahl an charmanten, inhabergeführten Läden hebt sich die Schulstraße von herkömmlichen Einkaufsstraßen ab.

Unser erster Besuch gilt dem **HECKMANN Store**.

HECKMANN, ein inhabergeführter Conceptstore, bietet stilvolle Produkte aus der ganzen Welt. Mit sorgfältig ausgewählten Sortimenten setzt HECKMANN auf Handwerk, Herkunft, Qualität, Funktionalität und Originalität. Diese Kriterien gelten sowohl im Laden als auch online und garantieren ein kurzweiliges Einkaufserlebnis.

Der Store ist bekannt für seinen Fokus auf hochwertiges Design, Handwerkskunst und originelle Produkte. Der Laden hat sich auch als kultureller Treffpunkt etabliert, mit Events wie Hofflohmärkten, die eine einladende Atmosphäre schaffen.

Gleich im Geschäft nebenan stoßen wir auf den Laden **Railslide**.

Railslide Darmstadt sorgt bei Skaterfans für ein unvergessliches Einkaufserlebnis. Das freundliche und kompetente Team hilft bei der Suche nach dem perfekten Streetwear-Look. Der seit rund 35 Jahren etablierte Laden ist ein Treffpunkt für Skater, Snowboarder, Scooter-Fans und Fashion-Liebhaber. Bei Railslide findet jeder genau das, was er sucht.

Auf der gegenüberliegenden Straßenseite lacht uns frisches Grün entgegen, das breite Blumensortiment von **fleur in**.

Auf 200 m² Ladenfläche und Außenbereich bietet fleur in eine umfangreiche Auswahl an Blumen, inspiriert von Natur und Jahreszeiten. Das Sortiment umfasst Sträuße, Dekorationen, Pflanzungen und Kränze. Selbstverständlich sind auch Dienstleistungen wie Lieferungen im Rhein-Main-Gebiet und Blumendekorationen vor Ort.

Wir queren wieder die Straße und besuchen die außergewöhnliche Parfümerie **Woodberg**.

Woodberg wurde von zwei Freunden gegründet, die eine Leidenschaft für natürliche, hochwertige Pflegeprodukte, Kosmetik und Nischenparfums aus aller Welt teilen. Ihr Konzept entstand aus der Überzeugung, dass gesunde Ernährung, Sport und Nachhaltigkeit nicht zu Massenkosmetik passen, die oft synthetische und tierunfreundliche Inhaltsstoffe verwendet. Woodberg bietet sorgfältig ausgewählte Produkte an, die dieses gesunde Lebensgefühl unterstützen und umfassende Informationen zu deren Wirkweise bereitstellen.

Wir wechseln wieder die Straßenseite und treffen auf ein Geschäft mit einem Angebot, das einen wachsenden Trend aufgreift, der Bikeladen **Twenty Inch**.

2001 eröffnete im Herzen Darmstadts ein kleiner BMX-Store, der sich seit 2006 auf Cargobikes spezialisiert hat. 2010 zog das Geschäft in eine größere Location um, erweiterte das Cargobike-Programm und nahm E-MTBs ins Sortiment auf. Es organisiert das größte deutsche Cargobike-Treffen und machte Darmstadt zur "Cargobike-City". Die hochgeschätzte Fahrradwerkstatt im Keller ist bekannt für individuelle Lösungen und Custom Bikes. Das Geschäft verkauft nur Produkte, die es selbst nutzt, und bietet persönlichen, zuverlässigen Service.

Wir verlassen die *Schulstraße* und wenden uns links in der *Kirchstraße* zu **Paladin's Place**.

Paladin's Place, ein seit 1996 in Darmstadt ansässiges, inhaberge-führtes Spielegeschäft, bietet ein breites Sortiment für Rollen- und Brettspiele, Sammelkarten- und Miniaturenspiele. Von Bekleidung über Rollenspielbücher bis hin zu Zubehör für Spiele wie World of Warcraft findet man hier alles, was das Spielerherz begehrt. Selbstabholung, Lieferung und Versand sind nach Absprache möglich. Jeder ist willkommen, um die Vielfalt zu entdecken und sich inspirieren zu lassen.

Wir verlassen die *Kirchstraße* und biegen links *An der Stadtkirche* in selbige Straße ein und entdecken einen Freiraum, den *Stadtkirchplatz*. Im Hintergrund des Platzes, etwas versteckt, erkennen wir unser nächstes Ziel, den Einrichtungs-Concept-Store **Hidden**.

Hidden ist ein Concept Store mit vielseitigem, wechselndem Angebot. Hier gibt es geschmackvolle Accessoires, Bekleidung, Kleinmöbel, Dekoration, Kindergeschenke und mehr. Das breite Sortiment umfasst Schmuck, Lederartikel, feine Textilien, Wohnaccessoires wie Teppiche, Leuchten, Kissen und Beistelltische. Hidden verzaubert und überrascht immer wieder aufs Neue. Auch individuelle Geschenkgutscheine sind erhältlich.

Wir befinden uns schon wieder auf dem Rückweg und halten uns an der *Ludwigstraße* rechts. Sicher haben Sie schon einen kulinarischen Tipp auf unserer Tour vermisst. Hier ist er: **das krü**.

Das krü ist Restaurant, Bistro und Vinothek gleichzeitig und legt großen Wert auf hochwertige Zutaten und eine kreative, zeitgemäße Küche.

Es ist bekannt für seinen bewussten Umgang mit Lebensmitteln. Viele der verwendeten Zutaten stammen von regionalen Erzeugern, was nicht nur die Frische der Speisen garantiert, sondern auch die Umwelt schont. Lassen Sie sich verzaubern von den Ideen des jungen Küchenchefs Jan Mulik.

Wer es etwas rustikaler will, der geht einfach ein Stück weiter Richtung *Marktplatz* und kehrt bei der **Ratskeller Hausbrauerei** ein.

Die Ratskeller Hausbrauerei in Darmstadt ist ein beliebter Treffpunkt für Bierliebhaber und Genießer, die eine gemütliche Atmosphäre und traditionell gebraute Biere schätzen. Der Ratskeller ist besonders bekannt für seine hauseigenen Bierspezialitäten.

Der Ratskeller in Darmstadt

Er befindet sich im historischen Kellergewölbe des Darmstädter Rathauses und bietet ein rustikales, gemütliches Ambiente. Die Kombination aus altem Gemäuer und warmem Holzinterieur schafft eine behagliche Atmosphäre, die perfekt zu einem geselligen Bierabend passt. Besonders an kalten Tagen laden die gemütlichen Räume zu einem längeren Verweilen ein.

Der Ratskeller bietet gelegentlich Brauereiführungen an, bei denen man einen Blick hinter die Kulissen werfen und mehr über die Kunst des Bierbrauens erfahren kann.

Die Gaststätte bietet eine gelungene Kombination aus frischem, hausgebrautem Bier, deftiger, regionaler Küche und einer gemütlichen, urigen Atmosphäre. Sie ist der ideale Ort für alle, die handwerklich gebrautes Bier in einem historischen Ambiente genießen möchten. Ob für ein entspanntes Abendessen, einen geselligen Bierabend oder eine Brauereiführung – der Ratskeller ist ein beliebtes Ziel in Darmstadt.

Zu guter Letzt noch etwas Kultur gefällig? Dann lohnt sich ein Besuch des Residenzschlosses.

Das **Residenzschloss** Darmstadt ist ein bedeutendes kulturelles und historisches Wahrzeichen der Stadt und bietet Besuchern vielfältige Erlebnisse.

Ein Teil des Residenzschlosses beherbergt das Hessische Landesmuseum, eines der größten Museen in Hessen. Dort gibt es eine beeindruckende Sammlung von Kunstwerken, Naturwissenschaften und Archäologie. Im Residenzschloss befindet sich auch das Schlossmuseum Darmstadt, das sich auf die Geschichte der hessischen Landgrafen und Großherzöge konzentriert. Hier bekommt man einen interessanten Einblick in das Leben des Adels in früheren Jahrhunderten.

Residenzschloss in Darmstadt

Das Residenzschloss Darmstadt ist somit ein Ort voller Geschichte, Kunst und Kultur, wenn man sich für historische Sammlungen, kunstvolle Ausstellungen oder die Architektur des Schlosses interessiert.

Wir verlassen das Schloss und befinden uns an unserem Ausgangspunkt wieder.

***

Darmstadt bietet durchaus gute Einkaufsmöglichkeiten, allerdings steht die Stadt im Schatten von größeren, bekannteren Shoppingmetropolen wie Frankfurt. Auch die begrenzte Vielfalt und Größe der Innenstadt machen sie für ausgedehnte Shoppingtouren weniger attraktiv. Das führt dazu, dass Darmstadt als Einkaufsort oft unterschätzt oder weniger geschätzt wird, obwohl es für den alltäglichen Einkauf viele Anreize bietet. Wir haben auf unserer Tour eine Vielzahl kleinerer Läden entdecken können. Dazu kommen weitere liebevolle Konzepte, wie A Pävi, Kral Blumen oder Vinocentral u.v.m., die nicht auf unserer Wegstrecke lagen, aber durchaus besuchenswert sind. Sie finden diese Läden beim LadenButler dargestellt.

Die Einführungsworte "Gewusst wo" trifft auf Darmstadt zu, wie wohl auf keine andere größere Einkaufsstadt. Sie können jetzt mitreden und kennen sich aus, oder?

BENSHEIM

Beim Shoppen mit
Schoppen die Einkehr
genießen

Bensheim, die größte Stadt an der Bergstraße, begeistert mit ihrem einzigartigen Mix aus Geschichte, Kultur, Natur und Genuss. Die wunderschöne Altstadt mit ihren verwinkelten Gassen, restaurierten Fachwerkhäusern und kleinen Plätzen ist ein wahrer Hingucker. Sehenswürdigkeiten wie das Alte Rathaus, die malerischen Innenhöfe oder der Rinnentorturm laden zu einem Spaziergang durch vergangene Zeiten ein.

Bensheim liegt im Herzen einer renommierten Weinregion. Ein Besuch in einer der örtlichen Straußwirtschaften oder Weingüter ist ein Muss, um die hervorragenden Weine der Region zu kosten. Ergänzt wird dies durch eine vielfältige Gastronomie: Von traditioneller hessischer Küche über internationale Spezialitäten bis hin zu gehobenen Restaurants – hier wird jeder Gaumen verwöhnt.

Die Bensheimer Innenstadt bietet eine charmante Mischung aus kleinen Boutiquen, Traditionsgeschäften und modernen Läden.

Ob für einen Tagesausflug, ein Wochenende oder einen längeren Aufenthalt – die Stadt ist ein ideales Ziel für alle, die eine vielseitige und herzliche Umgebung schätzen.

Wenn Sie länger bleiben, dann ist ein Besuch des Staatsparks Fürstenlager empfehlenswert. Das Fürstenlager ist ein idyllisches historisches Landschaftsparadies am Rande von Bensheim-Auerbach. Ursprünglich als Sommerresidenz der hessischen Landgrafen im 18. Jahrhundert angelegt, bezaubert der Park bis heute mit seiner natürlichen Eleganz und historischen Bedeutung.

***

Unsere Einkaufs- und Erlebnistour durch Bensheim beginnt am Bahnhof. Pkw-Benutzer parken in der *TG Bahnhofsvorplatz*. Vor dem Bahnhof überqueren wir die *Rodensteinstraße* und gehen geradeaus in die verkehrsberuhigte *Bahnhofstraße*.

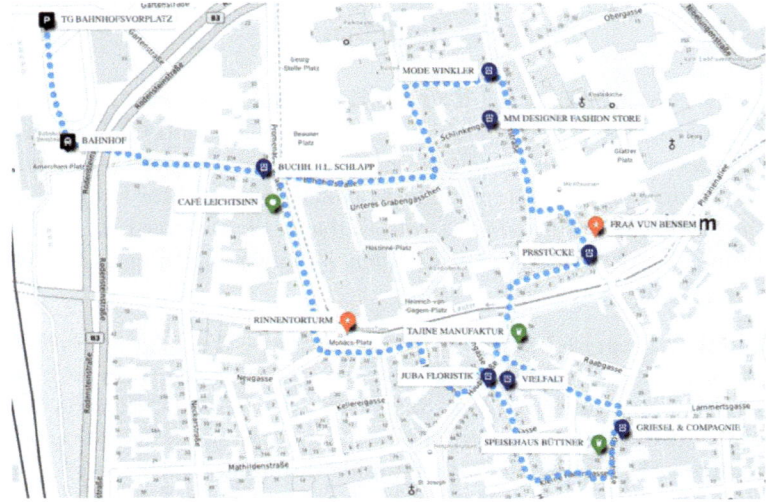

Fußläufiger Zeitbedarf (27')

Wir bummeln die *Bahnhofstraße* etwas entlang und schauen uns um im Buchladen **H.L. Schlapp**.

Wie sagte Heinrich Heine: "Von allen Welten, die der Mensch erschafft, bleibt die Welt der Bücher unübertroffen." Die H.L. Schlapp GmbH in Bensheim verkörpert diese Leidenschaft seit über 175 Jahren. Mit einer erlesenen Auswahl, liebevoll gestalteten Regalen und einem vielseitigen Onlineshop wird jeder fündig. Besonders geschätzt: das Herzblut und die Expertise der Mitarbeiter, die jeden Besuch zu einem Erlebnis machen. Ein Familienunternehmen, das Tradition und Innovation meisterhaft vereint.

Blick in die Bensheimer Altstadt

Nach diesem sicherlich inspirierenden Besuch bleiben wir zunächst in der *Bahnhofstraße* und biegen links in die Straße *Am Bürgerhaus* ein. Am Ende der Straße können wir zunächst den modernen Bau des Kultur- und Kongresszentrums bewundern und treffen auf die *Dalbergerstraße*, wo wir an der nächsten Ecke unseren 2. Stopp entdecken, das **Modehaus Winkler**.

Das Modehaus Winkler ist ein familiengeführtes Unternehmen in dritter Generation und seit über 85 Jahren fest in Bensheim verwurzelt. Auf über 1.000 m² bietet Winkler hochwertige Mode für Damen und Herren in einem einzigartigen Ambiente. Zusätzlich betreibt Winkler in der Bensheimer Innenstadt Stores der Marken CECIL, Street One und Camel Active. Im Fokus stehen individuelle Kollektionen und ein engagiertes Team, das stets die Wünsche der Kunden in den Mittelpunkt stellt.

Wenn wir uns von der Markenvielfalt des Geschäftes losreißen können, dann geht es weiter. Wir biegen links ab in die *Hauptstraße*, um dann wiederum links auf die *Schlinkengasse* zu treffen. Im zweiten Gebäude links begegnen wir einem weiteren Modehighlight, dem **MM Designer Fashion Store**.

Das Geschäft bietet hochwertige Damenmode italienischer Marken sowie passende Accessoires wie Gürtel, Taschen, Schals und kleine Lederwaren. Eine vielfältige Schmuckauswahl rundet das Angebot ab. Die Kollektionen sind stilvoll, aktuell und im Trend.

Wir gehen zurück zur *Hauptstraße* und am *Marktplatz* vorbei und biegen am Modehaus Zobel links in die Straße *An der Stadtmühle* ein. Wir treffen auf die *Grieselstraße*, die wir überqueren und stehen, etwas überdacht von Baumkronen, der **Fraa vun Bensem** gegenüber.

Der Brunnen "Fraa vun Bensem" (Frau von Bensheim) ist eines der bekanntesten Wahrzeichen von Bensheim und ein beliebter Treffpunkt in der Innenstadt. Die "Fraa vun Bensem" steht sinnbildlich für die lebensfrohen und bodenständigen Menschen in der Region. Die Brunnenfigur zeigt eine Frau in traditioneller Kleidung, die ein Weinglas hochhält – ein Hinweis auf die Bedeutung des Weinanbaus und der Lebensfreude in Bensheim und der Bergstraße.

Fraa vun Bensem mit St. Georgskirche im Hintergrund

Der "Fraa vun Bensem" Brunnen ist mehr als nur ein Kunstwerk –
er ist ein Symbol für die Tradition und den Zusammenhalt der
Bensheimer. Besucher sollten diesen charmanten Brunnen unbe-
dingt bei einem Spaziergang durch die Altstadt entdecken und die
regionale Verbundenheit, die er ausstrahlt, auf sich wirken lassen.

Wir folgen der *Grieselstraße* südwärts und entdecken an der Ecke zur
Erbacher Straße unseren nächsten Lieblingsladen, die Wohnaccessoires von **Pr8stücke**.

Pr8stücke liebt schöne Kleinigkeiten. Im Sortiment finden sich ausgewählte skandinavische, holländische, deutsche und österreichische Labels, darunter Affari, Broste Copenhagen, Little Dutch und mehr. Montags und donnerstags treffen frische Blumen ein, die von der Floristin zu Sträußen gebunden und stilvoll dekoriert werden.

Wir folgen der *Erbacherstraße* und biegen links in die *Hauptstraße* ein. Nachdem wir die Lauter überquert haben, treffen wir linker Hand auf ein außergewöhnliches Restaurant, das Sie vielleicht mal ausprobieren wollen, die **Tajine Manufaktur**.

Die Tajine Manufaktur lädt ein, die Essenz Marokkos zu erleben. Hier werden landestypische Gerichte in handgefertigten Tontöpfen zubereitet – inspiriert von der Farbenpracht und den Aromen marokkanischer Souks. Mit Liebe zum Detail entsteht ein authentisches Geschmackserlebnis, das die Vielfalt der Gewürze und die Frische saisonaler, regionaler Zutaten zelebriert. Ein Restaurant, das Tradition und gesunde Ernährung verbindet – für einen unvergleichlichen kulinarischen Trip nach Marokko.

Wer noch keinen Hunger verspürt oder das marokkanische Angebot doch etwas zu exotisch empfindet, der biegt gleich links in die *Lammersgasse* ein. Kurz danach befinden wir uns wieder in der *Grieselstraße*. Von der Straßenecke aus sehen wir bereits ein großes weißes Gebäude. Die **Weinkellerei Griesel & Compagnie** lädt uns zum Besuch ein.

Griesel hat die Hessische Bergstraße auf die Weltkarte des Schaumweins gebracht. Mit Leidenschaft und Präzision zeigt das Sekthaus, dass das einzigartige Terroir – mildes Mikroklima, Odenwald, kalk- und granithaltige Böden – Weltklasse-Schaumweine hervorbringt. Handarbeit, spontane Gärung, minimaler Eingriff und lange Reifezeit sind die Erfolgsgeheimnisse. Tradition verschmilzt hier mit Innovation, um Schaumweine zu schaffen, die selbst die Champagne herausfordern – prämiert, präzise, außergewöhnlich.

Jetzt eine regionale Mahlzeit zur Stärkung gefällig? Wenn ja, dann gehen wir nur kurz über die Straße und treffen auf das **Speisehaus Büttner.**

Das Speisehaus Büttner verführt mit raffinierten Kreationen, regional inspirierten Zutaten und einer Prise kulinarischer Magie. Es ist seit über 50 Jahren ein fester Bestandteil von Bensheim. Ursprünglich als Gasthaus mit Metzgerei gegründet, führt es heute die Tradition gutbürgerlicher Küche mit modernem Flair fort. Mit frischen, regionalen Zutaten und Liebe zum Detail sorgen die Gastgeber für ein geschmackvolles Erlebnis. Hier trifft Tradition auf Qualität – ein Ort für Genuss und Gastfreundschaft.

Gleich neben dem Speisehaus geht ein kleiner Weg direkt in die *Kleine Hasengasse*. Von da biegen wir rechts in die *Hasengasse* und treffen bald auf unseren nächsten Halt, das Modegeschäft **Vielfalt**, dessen breites Angebot den Namen des Geschäftes bestätigt.

Vielfalt verkörpert zeitgemäßen Lifestyle und bietet der selbstbewussten Frau von heute Mode, die begeistert. Ob witzig, frech, sportlich oder schick – hier findet jede modebewusste Frau das perfekte Outfit, das Akzente setzt. Hochwertige Accessoires und liebevoll ausgewählte Klein-Möbel runden das Sortiment ab. Dabei steht das optimale Einkaufserlebnis im Fokus, geprägt durch höchste Ansprüche an Design, Qualität und eine freundliche, kompetente Beratung. Vielfalt Bensheim – wo Stil und Individualität zu Hause sind.

Gleich schräg gegenüber stoßen wir auf ein weiteres interessantes Ladengeschäft. Im **JUBA floristik** können wir nach Lust und Laune Schönes aus der Blumenwelt mit nach Hause nehmen.

Mitten in der Bensheimer Fußgängerzone schafft Julia Bauer mit JUBA floristik regionale Meisterwerke aus Trockenblumen. Seit August 2023 erfüllt die gelernte Floristin mit ihrem Laden Herzenswünsche – von einzigartiger Eventfloristik und maßgeschneidertem Blumenschmuck für Hochzeiten und Abschiede bis zu individuellen Blumen-ABOs. Kreative Workshops runden ihr Angebot ab und machen JUBA floristik zu einem Ort voller Inspiration.

In der *Hauptstraße* halten wir uns links und biegen nach wenigen Metern rechts in die *Mittelgasse* ein. Danach stoßen wir auf die Straße *Am Rinnentor*, der wir links folgen.

Gleich öffnet sich die Straße in den *MohácsPlatz*, wo uns sofort der **Rinnentorturm** auffällt.

Rinnen-torturm

Der Rinnentorturm ist ein beeindruckendes Relikt der mittelalterlichen Stadtbefestigung. Er stammt aus dem 13. Jahrhundert und diente als Teil des Rinnentors, eines der vier Haupttore der Stadtmauer. Der Turm war ein zentraler Bestandteil der Befestigungsanlagen, die Bensheim vor Angriffen schützten. Durch seine strategische Lage und die massive Bauweise spielte er eine wichtige Rolle in der Sicherung von Handelswegen und der Kontrolle über den Zugang zur Stadt. Während des Dreißigjährigen Kriegs und anderer Konflikte diente er als Verteidigungs- und Beobachtungsposten. Heute steht der Turm im Mittelpunkt kultureller und städtischer Aktivitäten. Er ist Teil historischer Stadtrundgänge und wird gelegentlich für Ausstellungen, Veranstaltungen oder als Kulisse bei Stadtfesten genutzt. Seine Architektur und Geschichte machen ihn zu einem beliebten Ziel für Touristen und Geschichtsinteressierte. Der Turm symbolisiert Bensheims reiche Vergangenheit und ist ein Erinnerungsstück an die mittelalterliche Stadtstruktur.

Wir kommen nun in die *Promenadenstraße* und auch zum Ende unserer Tour durch Bensheim. Vielleicht gönnen Sie sich noch einen genüsslichen Abschluss im Café **leichtSinn**, das wir auf der linken Straßenseite finden.

Hier verschmelzen Leichtigkeit und Sinnlichkeit zu einem unvergesslichen Erlebnis. Das Café begeistert mit feinsten Zutaten, regionaler Qualität und einem Team voller Herzblut. Ob der legendäre Pulled Beef Burger mit Avocado-Creme und Gemüse-Chips oder vegane Köstlichkeiten – hier trifft Genuss auf Leidenschaft. Einladend durch ein heimeliges Ambiente und faire Preise, überzeugt das Lokal als einer der Bensheimer Genuss-Hotspots.

Wir verlassen das Café und wenden uns links in Richtung *Bahnhof-straße*, von der wir wieder zurück zu unserem Ausgangspunkt kommen.

***

Unsere Tour durch die Innenstadt von Bensheim hat nicht nur durch interessante Läden überzeugt. Durch das städtebauliche Ambiente und die kulinarischen Angebote spürten wir die tiefe Verwurzelung der Stadt mit Wein, Mode und historischem Erbe. Wenn Sie Bensheim an der Bergstraße nach einem Tag voller Shopping, Wein und Genuss verlassen, bleibt ein Gefühl von Entspannung, Lebensfreude und Inspiration zurück.

Wir haben in Bensheim für einen Moment die Hektik des Alltags hinter uns gelassen, bereichert durch den Genuss regionaler Schätze und die Schönheit der Natur. Es ist ein Ort, der dazu einlädt, wiederzukommen.

GROSS-UMSTADT

Von wegen nur
Weinbauern!

Groß-Umstadt, auch liebevoll als "Odenwälder Weininsel" bekannt, ist eine charmante Kleinstadt in Südhessen mit einer reichen Geschichte, einer lebendigen Kulturszene und einer idyllischen Lage am Rande des Odenwalds. Ihre historische Bedeutung und ihre Rolle als regionaler Mittelpunkt machen Groß-Umstadt zu einem spannenden Ziel für Besucher.

Die Stadt kann auf eine über 1.250-jährige Geschichte zurückblicken, was sich in ihrem malerischen Stadtbild widerspiegelt. Mittelalterliche Fachwerkhäuser, enge Gassen und geschichtsträchtige Plätze verleihen Groß-Umstadt einen besonderen Charme. Die Altstadt mit ihrem Marktplatz, dem historischen Rathaus und der evangelischen Stadtkirche ist ein Muss für alle, die sich für Geschichte und Architektur interessieren.

Als einzige Stadt in Südhessen mit einer starken Weinbau-Tradition lädt Groß-Umstadt zu Weinwanderungen, Kellertouren und Verkostungen ein. Besonders das jährliche Winzerfest im September ist ein Highlight, bei dem die Stadt zur Feier des Weins aufblüht.

Die Stadt bietet vielfältige Möglichkeiten für einen entspannten Einkaufsbummel – von regionalen Köstlichkeiten und exklusiven Weinen über handgemachte Accessoires bis hin zu individueller Mode. Die charmante Altstadt mit ihren kleinen Gassen macht das Einkaufen hier zu einem besonderen Erlebnis.

Groß-Umstadt vereint historische Atmosphäre, naturnahe Erlebnisse und eine lebendige Weinkultur auf einzigartige Weise. Ob ein Spaziergang durch die malerische Altstadt, eine Wanderung durch die Weinberge oder ein Besuch bei einem der zahlreichen Feste – Groß-Umstadt bietet für jeden etwas und ist ein wunderbares Ziel für einen Tagesausflug oder einen längeren Aufenthalt.

***

Wir starten mit unserer Tour durch die Stadt. Ausgangspunkt ist der Bahnhof *Groß-Umstadt Mitte*. Direkt vor dem Gebäude finden Sie einen Parkplatz. Für die mit dem Bus Angereisten ist der Bahnhof ebenfalls die Ausstiegshaltestelle.

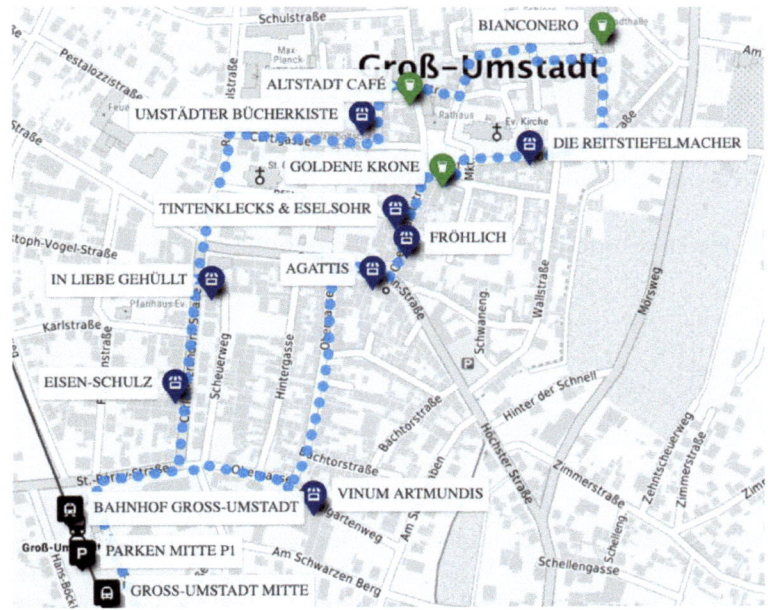

Fußläufiger Zeitbedarf (29')

Wir gehen der *St.-Peray-Straße* entlang und biegen an der Sparkasse rechts ab, bis wir linker Hand die *Carlo-Mierendorff-Straße* erreichen. In dieser Straße treffen wir auf unseren ersten Lieblingsladen, das Eisenwarengeschäft **Eisen-Schulz**.

Die Heinrich Schulz KG, bekannt als "Eisen-Schulz", ist seit über 85 Jahren ein fester Bestandteil der Innenstadt von Groß-Umstadt. Rund die Hälfte des Umsatzes wird mit regionalen Handwerkern,

Kommunen und Schulen erwirtschaftet. Eisen-Schulz bietet eine kompetente, kostenlose Fachberatung sowie ein breites Warensortiment und Ersatzteilservice. Ein kundenfreundlicher Parkplatz im Hof sowie flexible, individuelle Lösungen zeichnen das inhabergeführte Unternehmen aus. Beachten Sie auch die fortlaufend angebotenen Events wie Afterworkgrillen & Biertasting, oder den Regional Grillkurs, in dem gezeigt wird was die Hofläden in Groß-Umstadt und der Region alles zu bieten haben.

Nach diesem Besuch in der Welt der Eisenwaren und Grillgeräte gehen wir ein Stück weiter. Auf der rechten Straßenseite empfängt uns ein Geschäft, das wohl eher die Herzen der Damen höher schlagen lässt, den dort wird man **in Liebe gehüllt**, ein Braut-Atelier.

Das "in Liebe gehüllt" präsentiert eine exquisite Auswahl an hochwertigen Brautkleidern und modernen Zweiteilern, die durch Liebe zum Detail, Romantik, Eleganz und eine gewisse Lässigkeit bestechen. Das Atelier legt großen Wert darauf, jede Kundin individuell zu sehen und wertzuschätzen. Es ist ein Ort, an dem Geschichten geteilt und persönliche Verbindungen geknüpft werden, damit sich jede Braut wunderschön fühlt.

Um die Ecke ist auch gleich das Standesamt - wie passend. Heute gehen wir aber daran vorbei, geradeaus in die *Realschulstraße*. Zwei Straßen weiter biegen wir rechts in die *Curtigasse* ein. Bevor wir den *Marktplatz* erreichen halten wir an bei unserem nächsten Stopp, die **Umstädter Bücherkiste**.

Seit über 40 Jahren ist die Buchhandlung nahe des Groß-Umstädter Marktplatzes eine Anlaufstelle für Literatur, Sach- und Schulbücher. Neben Büchern bietet das Sortiment CDs, DVDs, Grußkarten und Geschenkartikel. Kunden können in entspannter Atmosphäre stöbern, einen Kaffee genießen und sich beraten lassen. Ein Highlight: "Abende in der Welt der Bücher", bei denen Gäste nach Ladenschluss exklusiv in der Buchhandlung verweilen, stöbern und bei Rieslingsekt entspannen können. Für Kinder gibt es ein Spielschiff und Geburtstagskörbe – und online ist die Umstädter Bücherkiste stets erreichbar.

Justitia auf dem Dach des Rathauses im Groß-Umstadt

Jetzt wird es kulinarisch und die Auswahl ist reichlich. Ein paar Schritte weiter sind wir am *Marktplatz* angekommen. Wir genießen zunächst den Blick auf die malerische Fachwerk-Kulisse und als Schmuckstück das Renaissance-Rathaus. Vielleicht sind Sie an einem Mittwoch oder Samstag am Vormittag hier, dann empfängt Sie das bunte Treiben des Wochenmarktes. Wenn es Ihnen nach einem Kaffee mit Gebäck gelüstet, gibt es rund um den *Marktplatz* reichlich Auswahl. Sehr beliebt ist das **Altstadt-Café** in einer kleinen Seitengasse, die *Schulstraße*, links neben dem Rathaus.

Hier wird jeder Moment zum Highlight: vom vitalen Frühstück für Frühaufsteher bis zum festlichen Dinner für Nachtschwärmer. Mit einer der schönsten Locations im Herzen von Groß-Umstadt wird hier urbane Gemütlichkeit und Raum für unvergessliche Feiern bis 100 Personen geboten. Ob Hochzeit, Geburtstag oder Firmenanlass – das Team zaubert köstliche Gerichte aus regionalen Zutaten. Moderne Atmosphäre, herzlicher Service und Genuss auf höchstem Niveau – hier trifft Geschmack auf Leidenschaft.

Wenn Sie noch am *Marktplatz* stehen und es etwas rustikaler sein soll, dann kehren Sie doch im Gasthaus Goldene Krone ein. Aber vielleicht darf ich Ihnen zuvor noch eine andere Alternative vorstellen.

Wir gehen in der *Schulstraße* etwas weiter und biegen rechts in die *Rodensteiner Straße* ein. Dann links über die *Hanauergasse* erreichen wir die Straße *Am Darmstädter Schloss*. Deren im Zick-Zack-Muster verlaufende Wegführung verwirrt uns nicht und so erreichen wir ein weiteres kulinarisches Highlight, das Restaurant **Bianco Nero**.

Im Bianco Nero verschmilzt mediterraner Charme mit der Leidenschaft für italienische Küche. Das Ristorante begeistert mit deliziösen Speisen, erlesenen Weinen und persönlicher Beratung – immer abgestimmt auf den individuellen Geschmack. Ob romantisches Dinner, exklusives Catering oder Events mit kulinarischem Highlight: Hier trifft Genuss auf Perfektion. Mit hochwertigen Zutaten und Kochkunst auf höchstem Niveau wird jeder Besuch unvergesslich. Buon appetito!

Wir wenden uns nun *In der Fahrt* Richtung Süden. Der Ohlebach begleitet uns ein Stück. In der *Unteren Marktstraße* biegen wir links ab und erreichen nach wenigen Metern einen ganz besonderen Laden, **Die Reitstiefelmacher.**

Karin Fischers Stiefelboutique nahe dem historischen Marktplatz in Groß-Umstadt bietet eine vielfältige Auswahl an Reitstiefeln. Von Trainingsstiefeln über preiswerte Modelle bis hin zu ausgefallenen Varianten mit Swarovski und Lack – hier werden Reiterinnen und Reiter fündig. Aber auch Nicht-Reiter könnten das exklusive Stiefelangebot ansprechend finden.

Wir wenden uns wieder dem *Marktplatz* zu und erreichen den bereits erwähnten Gasthof **Goldene Krone.**

Seit 1367 prägt die Goldene Krone das Herz von Groß-Umstadt – ein Gasthaus, das Tradition und Gastfreundschaft atmet. Ob exquisites Essen oder ein Glas Wein: Hier treffen sich Jung und Alt im ältesten Wirtshaus der Region. Einst "gebanntes Wirtshaus", bot es Gästen stets Zuflucht. Heute lebt die Krone, frisch renoviert, als Ort geselliger Begegnungen weiter. Und für Mutige: Der "Grindkopp" – eine hessische Delikatesse mit Charakter!

Prudentia auf dem Dach des Rathauses in Groß-Umstadt

Vom Markt biegen wir in die *Obere Marktstraße* links ein.

Auf der rechten Straßenseite, gleich nach der Einbiegung der *Pfälzer Gasse* entdecken wir die Papeterie **Tintenklecks & Eselsohr.**

Nicole Jarmers Schreibwarengeschäft überzeugt mit einem umfangreichen Angebot an Schreib- und Bastelwaren, Kalendern, Büchern und Geschenkideen. Der Service zum Bucheinbinden, besonders gefragt zum Schulbeginn, ist ein besonderes Highlight. Ein kleines, engagiertes Team steht Privat- und Geschäftskunden in persönlicher Atmosphäre beratend zur Seite. Von kreativen Bastelmaterialien bis zu ausgewählten Spielwaren findet sich hier alles, was für Büro, Schule und kreative Projekte gebraucht wird – inspirierend und herzlich.

Auf der linken Straßenseite wenden wir uns nun, wenn möglich "fröhlich" einem Concept-Store zu, der uns glücklich machen will.

Im **Fröhlich macht glücklich** erwartet die Besucher ein vielfältiges Sortiment – von Mode, Schmuck und Accessoires bis hin zu dekorativen Ideen für drinnen und draußen. Der Concept-Store führt ausgewählte Marken wie Geisha, XOX, Sence Copenhagen und good old friends, die für Qualität und Stil stehen. Ob kleine Geschenke oder besondere Stücke, hier findet sich das passende für jeden Anlass. Charmante Beratung und ein Lächeln gibt es selbstverständlich dazu – für ein rundum gelungenes Einkaufserlebnis.

Wir gehen weiter südwärts und biegen links in die *Georg-August-Zinn-Straße* ein. Schräg gegenüber der Straßeneinmündung empfängt uns das Modegeschäft **Agattis**.

Aktuelle Mode aus Italien, Spanien und Frankreich gibt es bei Agattis. Jede Woche wartet das Team mit neuen Trends und Aktionen auf, die sich direkt an den Wünschen der Kunden orientieren. Die Kollektion wird regelmäßig um modische Highlights erweitert, um stets frische Looks zu bieten.

Nun biegen wir links in die *Obergasse* ein. Unsere Tour durch Groß-Umstadt geht leider langsam zu Ende. Es ist also auch Zeit noch einen kleinen Höhepunkt zu zelebrieren. Wenn auf weiterem Weg die *Obergasse* eine Rechtskurve nimmt, dann biegen wir links in den *Riegelgartenweg* ein. Dort erwartet uns die Odenwälder Winzergenossenschaft **vinum autmundis**.

1959 schlossen sich visionäre Winzer zur Odenwälder Winzergenossenschaft zusammen, unterstützt von der Stadt Groß-Umstadt,
die ihnen Räumlichkeiten im Pfälzer Schloss bereitstellte. Mit wach-
sender Mitgliederzahl zog die Genossenschaft 1968 an den heutigen
Standort. Hier bietet der große Verkaufsraum Raum für ihre vielseitigen Produkte, ergänzt durch einen Veranstaltungssaal und eine
großzügige Parkfläche. Mit 100 Mitgliedern, die etwa 75 Hektar be-
wirtschaften, ist "vinum autmundis" heute der führende Weinbau-
betrieb der Region und veranstaltet regelmäßig Weinproben,
Events und Führungen.

Nach diesem sicher köstlichen Abschluss gehen wir wieder zur
Obergasse zurück und gelangen über die *St. Peray-Straße* zurück zu
unserem Parkplatz beziehungsweise Ausgangspunkt.

∗∗∗

Der *Besuch in Groß-Umstadt war durchaus lohnenswert und ist dem Ruf als
"Odenwälder Weininsel" absolut gerecht geworden. Das Thema Wein begegnete
uns in vielen Straßen, Läden und Restaurants. Dabei ist Wein nicht das
einzige Thema in der Einkaufs- und Erlebnisstadt Groß-Umstadt. Neben dem
pittoresken städtebaulichen Ambiente sind eine Vielzahl von interessanten
Geschäften zu entdecken gewesen.*

HANAU

Auf Entdeckertour zwischen "Gestiefeltem Kater", "Schneewittchen" und "Tischlein deck dich"

Hanau, die "Brüder-Grimm-Stadt", ist eine geschichtsträchtige Stadt im Osten von Frankfurt, die eine spannende Mischung aus Kultur, Geschichte und modernen Erlebnissen bietet. Sie ist vor allem als Geburtsort der weltberühmten Märchenerzähler Jacob und Wilhelm Grimm bekannt, was der Stadt eine besondere historische und kulturelle Bedeutung verleiht. Heute ist Hanau ein lebendiger Ort mit vielfältigen Freizeitmöglichkeiten und einem einzigartigen Mix aus Tradition und Moderne.

Die historische Bedeutung Hanaus spiegelt sich in zahlreichen Sehenswürdigkeiten wider. Besonders hervorzuheben ist das Brüder-Grimm-Nationaldenkmal auf dem Marktplatz, das an die berühmten Märchensammler erinnert. Das Schloss Philippsruhe am Mainufer beherbergt das Historische Museum, das spannende Einblicke in die Geschichte der Region und die Brüder Grimm bietet. Der Wilhelmsbad-Park, eine historische Kuranlage, lädt zu einem Spaziergang durch malerische Gärten und entlang nostalgischer Gebäude ein.

Auch Shoppingbegeisterte kommen in Hanau auf ihre Kosten. Das Forum Hanau ist ein modernes Einkaufszentrum im Stadtzentrum. Für ein individuelles Einkaufserlebnis sind die kleinen, inhabergeführten Läden in der Altstadt einen Besuch wert.

Genießer können in Hanau kulinarisch auf Entdeckungsreise gehen. Die Stadt bietet eine breite Palette an Restaurants, Cafés und traditionellen Gasthäusern. In den Altstadtbereichen findet man gemütliche Lokale, die regionale und internationale Küche servieren. Besonders die hessischen Spezialitäten wie Grüne Soße und Apfelwein sind einen Versuch wert.

Wer auf der Suche nach einem besonderen Erlebnis ist, kann auf dem Hanauer Wochenmarkt frische, regionale Produkte entdecken. Dieser Markt hat eine lange Tradition und bietet eine Vielfalt an

Obst, Gemüse, Käse, Fleisch und hausgemachten Spezialitäten. Hanau punktet mit einer einzigartigen Kombination aus historischer Bedeutung, kulturellen Schätzen und modernen Erlebnissen. Egal ob man sich für Märchen, Geschichte, Shopping oder kulinarische Genüsse interessiert – Hanau ist einen Besuch wert.

***

Fußläufiger Zeitbedarf (24')

Wir parken in der *Tiefgarage des Centers Forum Hanau*. Nutzer Öffentlicher Verkehrsmittel nehmen vom *Hanauer Hauptbahnhof* die Linie 2 Richtung Lärchenweg und erreichen nach 9 Minuten den *Freiheitsplatz*. Von da gehen sie zum *Forum Hanau*.

Forum Hanau

Im Forum Hanau startet unsere Tour.

Wenn Sie aus der Tiefgarage kommen, wenden Sie sich zweimal links und schon stehen Sie auf der rechten Seite vor dem Herrenausstatter **engbers**.

Engbers, ein renommierter Herrenausstatter, blickt auf über 70 Jahre Erfolg in der Textilbranche zurück. Ursprünglich als Hemdenhersteller gestartet, hat sich engbers zur führenden Marke für Herrenmode entwickelt. Die Kunden schätzen die hohe Qualität, die idealen Passformen, die hochwertigen Materialien und die nachhaltige Produktion. Engbers bietet ein vielfältiges Sortiment an sportiver Männermode für jede Gelegenheit und jeden Männertyp, stets mit hohem Wohlfühlfaktor.

81

Danach verlassen wir das Forum in Richtung *Hammerstraße* und stoßen an der Ecke *Am Friedensplatz* auf unseren nächsten Lieblingsladen, dem **GLAM Luxury Style.**

Seit 2003 präsentiert das Fachgeschäft hochwertige Designer- und Markenmode in einem stressfreien Einkaufserlebnis. Mit einer Verkaufsfläche von 120 qm bietet es die neuesten Trendlabels für Damen und Herren. Dank der Erfahrung und des ständigen Drangs, neue Designer und Moderichtungen zu entdecken, genießen Kunden ein außer-gewöhnliches Einkaufserlebnis. Hier wird die Leidenschaft für Fashion gelebt und erlebbar gemacht. Perfekt für Kundinnen, die das Besondere suchen.

Nach dem Besuch des Geschäftes gehen wir die Straße *Am Freiheitsplatz* entlang und biegen am Ende des *Freiheitsplatzes* links in die *Rosenstraße* ein und finden linker Hand das **Brettwerk.**

Brettwerk steht für Boardsport, Sneaker und Streetwear mit langjähriger Erfahrung. Hier finden Skateboard- und Snowboard-Enthusiasten die passende Ausrüstung und Kleidung. Das kompetente Team bietet hervorragende Beratung und nützliche Tipps. Besonders bei Vorsaison-Boards sind oft Schnäppchen zu ergattern. Die Mitarbeiter verdienen großes Lob für ihren Service, der die Kunden stets zufrieden und mit einem Lächeln verlässt.

Wir ziehen die *Rosenstraße* weiter bis zur *Langstraße*. Wir wenden uns rechts in Richtung *Fahrstraße* und an der Straßenecke entdecken wir unsere 1. Skulptur zum Thema Märchen der Gebrüder Grimm, der **"Gestiefelte Kater"**. Eine der Skulpturen des im Frühjahr 2016 eröffneten Hanauer Märchenpfades.

In der Innenstadt Hanau erzählt der Märchenpfad die Geschichten der Brüder Grimm auf beeindruckende Weise. Zehn kunstvoll gestaltete Skulpturen, entstanden nach einem nationalen Bildhauerwettbewerb, lassen die Märchen lebendig werden. Die Werke, inspiriert von Erzählungen der Hassenpflug-Schwestern, verbinden Vergangenheit und Gegenwart. Dank der Unterstützung lokaler Stiftungen sowie Bürger-innen und Bürger ist dieser einzigartige Pfad ein Anziehungspunkt für Besucher aus aller Welt. Ein Stück lebendige Kultur, das Hanau prägt.

Wir gehen die *Langstraße* ein kleines Stück zurück und erreichen an der Ecke *Rosenstraße* das **Modehaus Müller-Ditschler**.

Die Erfolgsgeschichte von Ditschler Mode begann 1876, als Philipp Ditschler II. seine eigens gefertigten Schuhe verkaufte. Heute ist das Geschäft bekannt für seine Leidenschaft für Mode und Lifestyle. In den Filialen in Büdingen und Hanau sowie im Onlineshop finden Kunden ausgesuchte Marken für Damen, Herren, Teenager und Kinder. Kompetente Beraterinnen und Berater stehen persönlich zur Seite und das hauseigene Änderungsatelier sorgt für passgenaue Anpassungen der neuen Lieblingsstücke.

Dann folgen wir der *Langstraße* noch ein Stück und biegen rechts ab in die *Hirschstraße*. An der nächsten Straßenecke biegen wir rechts ab und stehen gleich vor unserer 2. Märchenskulptur, dem **"Tischlein deck dich"**.

Im Deutschen Märchenbuch ist das Märchen "Tischlein deck dich, Esel streck dich, Knüppel aus dem Sack" benannt. Vielen ist bestimmt der Satz in Erinnerung "Ich bin so satt, Ich mag kein Blatt, meh! meh!".

Beim Betrachten des Kunstwerkes bekommt man vielleicht Lust wieder einmal das Märchen zu lesen.

Wir sind aber noch lange nicht satt von unserer Einkaufs- und Erlebnistour. Wir bleiben in der *Salzstraße* und biegen links wieder in die *Rosenstraße* ein. Die nächste Seitenstraße ist die *Nürnberger Straße*. Wir halten uns links und stoßen linker Hand auf den **Wohnlust Concept Store**, in dem für die ganze Familie, von groß bis klein, etwas geboten wird.

Der Wohnlust Concept Store bietet Möbel und Wohnaccessoires skandinavischer Hersteller. Kreative Dekoideen und Wohnkonzepte inspirieren für alle Wohnbereiche: Wohnen, Essen, Arbeiten, Kinderzimmer und Schlafen. Individuelle Beratung und Probesitzen auf Sofas sind möglich. Der Store führt eine große Auswahl an Decken, Kissenbezügen, Kerzen, Aufbewahrungskörben, Vasen, Geschirr, Gläsern, Stühlen, Garderoben, Schränken, Sideboards, Sofas, Sitzkissen, Fellen, Couchtischen,

Tischen, Stehlampen und Hängeleuchten. Kompetente Hilfe bei der Kombination von Möbeln und Wohnaccessoires wird geboten.

Schräg gegenüber in der *Nürnberger Straße* befindet sich unser nächstes Highlight, der Blumenladen **Blühreif**.

Leonie Berens und Florina Kern-Plachta sind leidenschaftliche Floristmeisterin und Floristin. Mit großer Begeisterung gestalten sie Blumen und schaffen kreative, schöne Arrangements. Oft werden sie als Schwestern verwechselt, doch sie sind vor allem enge Freundinnen und Geschäftspartnerinnen. Ihre Werte: Blumen als Luxusgut zu bewahren, das durch Discounter und Supermärkte an Wert verliert. Nachhaltigkeit steht im Mittelpunkt ihres Geschäfts, da Blumen nur in einer sauberen Umwelt gedeihen können.

Jetzt wird es wirklich Zeit für eine Pause. Gut, dass es gleich um die Ecke eine Gaumenfreude gibt. Wir biegen von der *Nürnberger Straße* links ab in die *Kölnische Straße* und sehen schon an der Außengastronomie unser Ziel, das italienische Restaurant **qui - Cucina & Bar**.

Seit 2020 verkörpert "qui - Cucina & Bar" die Essenz italienischer Kuli-narik im Main-Kinzig-Kreis. Unter der Leitung eines talentierten Kü-chenchefs kreiert das Team moderne Interpretationen klassischer Gerichte mit frischen Zutaten und authentischen Aromen. In gemütlicher Atmosphäre lädt "qui" dazu ein, gemeinsam zu genießen – wie in einem großen italienischen Esszimmer. Hier wird die Zeit langsamer, die Momente intensiver und die mediterrane Lebensfreude spürbar. Ein Ort für unvergessliche kulinarische Erlebnisse.

Wir verlassen dieses italienische Esszimmer. Betrachten wir den Restweg unserer Tour als kleinen Verdauungsspaziergang, der vielleicht gerade recht kommt. Wir gehen die *Kölnische Straße* zurück und erreichen an der Ecke *Nürnberger Straße* neben der Sparkasse eine weitere Skulptur des Märchenpfades mit dem Titel "**Der goldene Schlüssel**".

Dieses Märchen hat ein offenes Ende. Es lässt uns im Unklaren, was das gefundene Kästchen, das der goldene Schlüssel öffnen konnte, beinhaltet. Denn, so heißt es, wir müssen warten, bis der Junge das Kästchen vollends aufgeschlossen und den Deckel aufgemacht hat, dann werden wir erfahren, was für wunderbare Sachen in dem Kästchen liegen. Das Warten währt nun schon seit 1815!

Nun, wir warten jetzt nicht länger, sondern wir wenden uns links Richtung *Marktplatz* und besuchen das "**Schneewittchen**".

Dieses eher dramatische Märchen mit der missgünstigen Königin, die die Schönste im ganzen Land sein will, endet dank der Hilfe der 7 Zwerge in einem Happy End mit einem "schockverliebten" Königssohn.

Wir kosten nicht von den vergifteten Äpfeln der Königin und freuen uns nun auf das Treiben am **Hanauer Wochenmarkt**.

Der Hanauer Wochenmarkt am Brüder-Grimm-Denkmal ist einer der größten und schönsten in Hessen. Mittwochs und samstags von 7 bis 14 Uhr bieten etwa 100 Stände auf dem Neustädter Marktplatz eine Vielfalt an frischen Produkten wie Obst, Gemüse, Fleisch, Fisch, Käse, Eier, Kräuter und Blumen an.

Der Markt ist ein lebendiger Treffpunkt und Kommunikationsknoten der Stadt, umgeben von historischen Gebäuden wie dem Neustädter Rathaus und dem bedeutenden **Brüder-Grimm-Denkmal**.

Am Brüder Grimm-Nationaldenkmal auf dem Marktplatz fragen sich Besucher oft: Wer ist Jacob, wer ist Wilhelm? Nach einer Sage tauschen die Brüder jede Nacht heimlich die Plätze.

Denkmal Gebrüder Grimm am Hanauer Marktplatz

Wer sicher gehen will: Wilhelm sitzt, Jacob steht. Die weltberühmten Hanauer Brüder Jacob und Wilhelm Grimm sind nicht nur für ihre Märchensammlungen bekannt, sondern auch als Väter der deutschen Philologie. In Hanau begann ihr Lebensweg, hier wurden sie geboren und verbrachten ihre ersten Kinderjahre.

Am Fuße des Denkmals bleibt vielleicht etwas Zeit und Muße über unsere Einkaufs- und Erlebnistour in Hanau zurückzuschauen, denn gleich um die Ecke ist unser Ausgangspunkt und wir sind am Ende der Tour angelangt.

***

Der Einzelhandel in Hanau zeigt sich nicht nur modebewusst, sondern ist auch sportiv, vielfältig in Homeaccessoires, blühend und bunt. Dabei zeigt die Stadt sich traditionsbewusst und im wahrsten Sinne des Wortes geschichtsträchtig, nämlich märchenhaft. Auf unserer Tour kam dabei die kulinarische Vielfalt nicht zu kurz. Hanau ist deshalb für die ganze Familie eine Reise wert.

OBERURSEL

Geheimtipps für Stil, Design und regionale Schätze entdecken und genießen

Oberursel (Taunus), liebevoll auch "Orschel" genannt, ist ein wahres Juwel am Rande des Hochtaunus, direkt vor den Toren Frankfurts. Mit rund 47.000 Einwohnern ist Oberursel die zweitgrößte Stadt im Hochtaunuskreis und genießt den Ruf einer bevorzugten Wohngegend. Hier treffen Tradition und gehobener Lebensstil aufeinander. Die exklusive Atmosphäre der Stadt spiegelt sich auch im Einzelhandel wider: Von feinen Boutiquen über charmante Fachgeschäfte bis hin zu exquisiten Feinkostläden – das Shopping-Erlebnis in Oberursel ist ebenso vielfältig wie hochwertig. Besonders bemerkenswert: Die Kaufkraft der Oberurseler liegt weit über dem Bundesdurchschnitt, was sich in einem lebendigen und vielfältigen Einkaufsangebot zeigt.

Wer einen Einkaufsbummel plant, kann bequem mit der S-Bahn Linie 5 in nur 29 Minuten direkt vom *Frankfurter Hauptbahnhof* aus anreisen. Für Autofahrer ist das zentrale *Parkhaus Altstadt* in etwa 32 Minuten von Frankfurt Mitte aus erreichbar.

Erleben Sie Oberursel und lassen Sie sich von den exklusiven Einkaufsmöglichkeiten und der einzigartigen Atmosphäre dieser charmanten Stadt begeistern!

Starten Sie z.B. vom *Parkhaus Altstadt* aus.

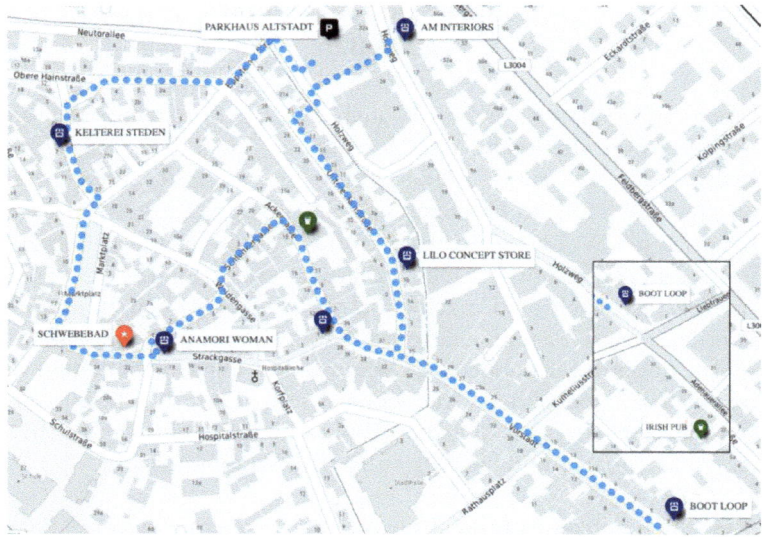

Gleich gegenüber der Parkhauseinfahrt begrüßt uns **AM Interiors**:

Das ist ein ausgezeichneter Start, um die Stadt als Bühne für zeitloses Design und innovative Newcomer zu entdecken. Man setzt hier auf maßgeschneiderte Einrichtungskonzepte, die von der ersten Begegnung im Showroom bis zur Realisation Ihrer Wohnträume reichen. Langlebiges Design, hochwertige Materialien und Trends, die Ihr persönliches Wohngefühl bereichern, bestimmen das Angebot. Ob Zuhause, Büro oder Gastronomie – AM Interiors kreiert ästhetische Raumlösungen mit Leidenschaft. Ein Besuch könnte der Beginn Ihrer Veränderung sein.

Wir verlassen das Geschäft und nutzen schräg gegenüber den kleinen Schleichweg, lassen den REWE Markt links liegen und erreichen die *Untere Hainstraße*. Wir halten uns links und stoßen umgehend auf den **LILO Concept Store:**

Der LILO Concept Store, gegründet von Nicole Liselotte Dassler im Oktober 2017, bietet Mode, Schmuck, Accessoires, Geschenkartikel und Dekorationsideen. Der Store, inspiriert von einem modernen "Tante-Emma-Laden", überrascht stets mit neuen Entdeckungen. Nicole Liselotte Dassler, Enkelin von Rudolf Dassler, integriert auch sportlich lässige Marken in ihr Sortiment. LILO möchte die Kunden verzaubern und ein besonderes Einkaufserlebnis bieten, das alle Sinne anspricht und ein Lächeln hinterlässt.

Bevor wir in die malerische *Strackgasse* einbiegen, lohnt ein Abstecher Richtung *Bahnhof* zu **Boot Loop:**

Seit 2014 setzt der Store mit sorgfältig kuratierten Kleidungsstücken, exklusiven Schuhen und Accessoires frische Akzente. Jede Woche überrascht eine neue Kollektion, die Vielfalt in die Innenstadt bringt. Lassen Sie sich von der Leidenschaft für Mode inspirieren.

Vermutlich ist es jetzt noch zu früh, die Gelegenheit zu nutzen und im nahegelegenen **Irish Pub** den Tag ausklingen zu lassen, oder?

Es würde sich lohnen, denn: Das urige Irish Pub in Oberursel bietet eine gemütliche Atmosphäre für Fans irischer und internationaler Getränke. Eine vielfältige Speisekarte mit irischen, deutschen, amerikanischen und indischen Gerichten. Aber auch vegetarische und vegane Speisen können begeistern. Im Winter lockt der Kamin, im Sommer der teils überdachte Außenbereich. Live-Musik an drei Abenden pro Woche, Quizabende, Bingo und Sportübertragungen sorgen für Unterhaltung. Leider öffnet das Lokal erst um 17:00 Uhr und wir wollen ja noch einige andere Lokalitäten in Oberursel genießen. Für die mit der Bahn Angereisten liegt der Pub später auf dem Weg, vielleicht ist da ein Absacker vor der Heimreise am Abend willkommen.

Altstadtgasse am Marktplatz in Oberursel

Nun zurück ins Zentrum des Geschehens. Wir laufen in der Straße *Vorstadt* zurück und sind in wenigen Minuten in der *Strackgasse* angekommen. In der Hausnummer 1 empfängt uns ein weiteres Highlight: das **Glückskind**.

Seit 2014 setzt Kristina Nickel mit dem Glückskind in Oberursel ein Zeichen für individuelle Mode. Was als Leidenschaft begann, ist heute ein Ort, an dem über 40 ausgewählte Modelabels und persönliche Beratung zusammenfinden. In der charmanten Boutique erwartet die Kundinnen eine exklusive Auswahl an Hosen, Blazern, Cashmere, Strickwaren, Taschen, Schuhen und Accessoires. Ein Besuch im historischen Fachwerkhaus verspricht mehr als nur Shopping – es ist ein Erlebnis, das von Stil, Herzlichkeit und Liebe zum Detail geprägt ist.

Wenn es gerade Zeit für eine kulinarische Pause ist, dann sollten Sie die wenigen Meter zu einem besonderen Gastronomie-Konzept auf sich nehmen und eine genießerische Shoppingpause einlegen:

Das **Alt-Oberurseler Brauhaus** in der *Ackergasse* ist täglich ab 11 Uhr geöffnet und lädt Sie ein, in historischen Räumen oder im gemütlichen Braukeller regionale Spezialitäten und 16 einzigartige Biersorten zu genießen. Ob herbes Alt, junge Würze oder klassisches Helles – hier findet jeder Bierliebhaber seinen Favoriten. Frische, gutbürgerliche Küche und vegetarische Optionen runden das Angebot ab. Eine rechtzeitige Reservierung wird empfohlen. Thomas Studanski und sein Team heißen Sie herzlich willkommen!

Danach geht es zurück in die *Strackgasse*. Vielleicht nutzen Sie die Abkürzung über die *Schlenkergasse*, dann stoßen Sie direkt auf unsere nächste Station. Das **ANAMORI Woman**:

Hier im Oberurseler Altstadtkern befindet sich das ANAMORI Woman in einem denkmalgeschützten Fachwerkhaus. Auf 100 qm bietet die Boutique Marken wie RIANI, Marc O´Polo, Kyra & Co und OUI an. Das erste ANAMORI wurde 2009 im Kapellenhof eröffnet und nach der Urgroßmutter der Inhaberin, Ana Mori, benannt. Die Boutique überzeugt durch stilvolle und qualitative Kleidung in liebevoll gestalteter Umgebung. Im September 2014 folgte das zweite ANAMORI Woman in Oberursel. Ein herzliches Willkommen erwartet die Kunden bei einem Glas Crémant oder einer Tasse Kaffee.

Gleich nebenan, können Wellnessliebhaber diesen sicher erfolgreichen Einkaufsbummel durch Oberursel entspannt zu Ende gehen lassen. Im **Schwebebad Oberursel** finden Sie ihre persönliche Oase der Ruhe.

Das Floating bietet eine einzigartige Möglichkeit, Stress abzubauen und Körper sowie Geist in vollkommene Entspannung zu versetzen. Durch das Gefühl der Schwerelosigkeit und ergänzende Massagen, tauchen Sie in eine Welt der Erholung ein. Hier tanken Sie neue Energie.

Energie für unsere letzte Station! Wir gehen am Schwebebad Oberursel vorbei und nutzen die Beschaulichkeit des benachbarten Marktplatzes, der samstags auch den Wochenmarkt beherbergt. Es lohnt am Marktplatz ein Blick auf den St. Ursula Brunnen.

St. Ursula Brunnen am Oberurseler Marktplatz

Danach wenden wir uns in Richtung Norden in die *Wiederholtstraße*. Unsere Einkaufs- und Genusstour geht langsam zu Ende und wir wollen die Stadt mit einem kleinen kulinarischen Mitbringsel verlassen.

Mitten in Hessen verwurzelt, setzt die **Kelterei Steden** auf echte Regionalität.

Ihr Obst stammt ausschließlich aus Oberursel und Umgebung, wird vor Ort verarbeitet und vertrieben. Mit der Pflege von Streuobstwiesen tragen sie aktiv zum Erhalt der Kulturlandschaft bei. Kurze Transportwege, ökologische Maßnahmen und nachhaltige Verpackungen sichern einen minimalen ökologischen Fußabdruck. Ihre Partner schätzen die Möglichkeit, ihren Kunden erlebbare Qualität aus der Region zu bieten. Leider hat die Kelterei Steden nur am Freitagnachmittag geöffnet. Für unser Mitbringsel ist aber dennoch gesorgt. Der Altstadtomat der Kelterei Steden bietet rund um die Uhr Zugang zu regionalen Köstlichkeiten. Hier finden Sie erlesene Fleisch- und Wurstspezialitäten, frische Eier, Nudeln von Partnerbetrieben und die gesamte Produktpalette der Kelterei Steden – von Apfelsaft über Apfelwein bis hin zu edlen Destillaten. Ein Automat, der das Beste aus der Region direkt verfügbar macht, jederzeit und an jedem Tag der Woche.

Danach sind es nur noch wenige Meter bis zu unserem Ausgangspunkt, dem *Altstadt Parkhaus*. Jenen, die mit der Bahn angereist sind, möchte ich als Tipp das bereits erwähnte **Irish Pup** ans Herz legen.

***

Unsere Einkaufs- und Genusstour durch Oberursel hat die Attraktivität der Innenstadt eindrucksvoll belegen können. Natürlich gibt es noch eine Vielzahl von anderen wunderbaren Geschäften in der Altstadt, die wir hier nicht erwähnt haben. Auch werden sich in der Ladenauswahl eher weibliche Konsumenten angesprochen fühlen. Die Auswahl von Lieblingsläden orientiert sich an den Bewertungen des LadenButlers, der nur die durch Google-Bewertungen und Social-Media-Follower besonders beliebten Geschäfte auszeichnet.

NACHWORT

Liebe Leserin, lieber Leser,

ich hoffe, ich konnte Ihnen die Vielfalt der hessischen Innenstädte und deren Angebote ein Stück näherbringen. Es gab vieles zu entdecken. Auch ich als langjähriger Handels- und Marktexperte war und bin immer wieder überrascht, welche kreativen Konzepte uns in den hessischen Altstädten erwarten.

Sicher haben Sie den einen oder anderen Laden oder das gewählte Restaurant gekannt, aber dennoch das eine oder andere Schätzchen Ihrer Wahl vermisst.

Dass hier nicht alle hessischen Lieblingsläden vorgestellt werden konnten liegt an dem Konzept jeweils eine zusammenhängende Tour zu erstellen. Viele erwähnenswerte Geschäfte sind deshalb nicht in diesem Buch vorgestellt worden. Alle durch sehr hohe positive Kundenrezensionen ausgezeichnete Geschäfte sind aber auf meiner Webseite www.laden-butler.de erfasst. Fehlt Ihnen trotzdem etwas, dann helfen Sie mit, bewerten Sie auf den Social-Media-Kanälen ihr Lieblingsgeschäft oder regen Sie die Besitzer an aktiver in diesen Kanälen zu werden. Dann kann ich in einer der folgenden Auflagen Ergänzungen vornehmen.

Ich wünsche Ihnen noch viele glückliche Einkaufs- und Erlebnisstunden in den schönen Städten von Hessen.

Herzlichst, Ihr

Wilfried Weisenberger

ww@laden-butler.de

ÜBER DEN AUTOR

 Wilfried Weisenberger ist eine erfahrene Persönlichkeit im Bereich Handel und Kommunalberatung. Seine berufliche Laufbahn begann er als Büro- und Einzelhandelskaufmann im Kaufhaus Allersberger Straße in Nürnberg beim traditionsreichen Versandhändler Quelle. Später studierte er an der FAU Erlangen-Nürnberg Wirtschafts- und Sozialwissenschaften sowie Wirtschaftsgeographie. In seiner beruflichen Karriere arbeitete er unter anderem als Immobilien- und Kommunalexperte bei der Gesellschaft für Konsumforschung (GfK) und bekleidete dort mehrere Führungsfunktionen. Dabei spezialisierte er sich auf die Handelsberatung und die Kommunalentwicklung.

Zudem wird seine Expertise in mehreren Jurygremien seit vielen Jahren geschätzt. Dazu zählt z.B. die Innenstadtinitiative "Ab in die Mitte Hessen" des hessischen Wirtschaftsministeriums.

Weiter ist er seit mehr als 15 Jahren Dozent bei der IREBS Immobilienakademie zum Thema "Markt- und Standortanalysen".

Weisenberger ist auch Gründer der SK Standort & Kommune Beratungs GmbH, einem Unternehmen, das sich seit 2011 auf die Standortentwicklung von Handel und Kommunen spezialisiert hat. Nach dem Verkauf der Firma 2022 konzentriert er sich verstärkt auf die Entwicklungsperspektiven der Innenstädte. Besonders faszinieren ihn die Dynamik und der Wandel im Einzelhandel. Seine Leidenschaft für innovative Konzepte und den Kundenfokus spiegelt sich in seinen Projekten wider, darunter zuletzt die Internet-Plattform LadenButler, die innovative Lösungen für den stationären Handel präsentiert.

Er verbindet jahrzehntelange Erfahrung im Einzelhandel mit einem tiefen Verständnis für die wirtschaftlichen und gesellschaftlichen Herausforderungen des Marktes.